Unternehmensfinanzierung und Finanzinvestoren

Mezzanine Finanzierung
Private Equity • Venture Capital
Hedgefonds • „Heuschrecken"

Systematisierung
Diskussion des Nutzens und Schadens
Beispiele aus der Praxis

Christoph Ochs

Christoph Ochs

UNTERNEHMENSFINANZIERUNG UND FINANZINVESTOREN

Mezzanine Finanzierung
Private Equity • Venture Capital
Hedgefonds • „Heuschrecken“

Systematisierung
Diskussion des Nutzens und Schadens
Beispiele aus der Praxis

ibidem-Verlag
Stuttgart

Bibliografische Information der Deutschen Nationalbibliothek
Die Deutsche Nationalbibliothek verzeichnet diese Publikation in der Deutschen Nationalbibliografie; detaillierte bibliografische Daten sind im Internet über http://dnb.d-nb.de abrufbar.

Bibliographic information published by the Deutsche Nationalbibliothek
Die Deutsche Nationalbibliothek lists this publication in the Deutsche Nationalbibliografie; detailed bibliographic data are available in the Internet at http://dnb.d-nb.de.

∞

Gedruckt auf alterungsbeständigem, säurefreien Papier
Printed on acid-free paper

ISBN-10: 3-89821-882-1

ISBN-13: 978-3-89821-882-5

Printed in Germany

„virtus post nummos"

Horaz

Die Tugend kommt nach dem Geld

Vorwort

Seit einiger Zeit häufen sich in der Presse die Meldungen zu so genannten Investoren-Angriffen. Immer wieder tauchen dabei die Begriffe „Hedgefonds" und „Private Equity" auf. Auch der in diesem Zusammenhang vom damaligen SPD-Vorsitzenden Franz Müntefering geprägte Begriff „Heuschrecken" ist aus dem Sprachgebrauch nicht mehr wegzudenken.

So titelt zum Beispiel das manager magazin in seiner Ausgabe vom März 2006: „Attacke der Heuschrecken". Im Untertitel ist von den neuen Herrschern der Finanzwelt die Rede.

Ähnliches ist in der Zeitung DIE WELT zu lesen. In ihrer Ausgabe vom 29. September 2007 schreibt sie: „TUI droht Investoren-Angriff". Der Gejagte, die TUI AG, eines der größten deutschen Unternehmen mit einem Jahresumsatz in 2006 von über 20 Mrd. Euro und einem derzeitigen Börsenwert von circa fünf Mrd. Euro. Der Jäger, ein Amerikaner namens Guy Wyser-Pratte, der in der zitierten Zeitungsausgabe als „Wadenbeißer" und von der Onlineausgabe des Handelsblatts als „Vorstandsschreck" bezeichnet wird. Seine rund einprozentige Beteiligung an TUI kostete Schätzungen zufolge etwa 40 Mio. Euro.

Wer sind sie, diese Investoren, Hedgefonds und „Heuschrecken"? Lehren sie tatsächlich die Vorstände großer Aktiengesellschaften das Fürchten? Stimmt es, dass ihnen, wie es in den Medien oft zu hören ist, das Geld weit wichtiger ist als die Tugend?

Die Antworten liegen vor Ihnen. Viel Spaß bei der Lektüre!

Christoph Ochs, März 2008

Inhaltsverzeichnis

I Abbildungsverzeichnis

II Abkürzungsverzeichnis

A ...

AG	**A**ktien**g**esellschaft
AktG	**Akt**ien**g**esetz

B ...

BaFin	**B**undes**a**nstalt für **Fin**anzdienstleistungsaufsicht
BASF	**B**adische **A**nilin- und **S**oda**f**abrik
BMW	**B**ayrische **M**otoren**w**erke
BSH	**B**osch **S**iemens **H**ausgeräte
BVK	**B**undes**v**erband Deutscher **K**apitalbeteiligungsgesellschaften - German Private Equity and Venture Capital Association e. V.

C ...

CDU	**C**hristlich **D**emokratische **U**nion Deutschlands
CSFB	**C**redit **S**wiss **F**irst **B**oston

D ...

DAX	**D**eutscher **A**ktieninde**x**
DSW	**D**eutsche **S**chutzgemeinschaft für **W**ertpapierbesitz

E ...

E.ON	Kunstname für das Unternehmen, das aus der Fusion von Veba und Viag hervorgegangen ist
EADS	**E**uropean **A**eronautic **D**efence and **S**pace Company
EVCA	**E**uropean Private Equity and **V**enture **C**apital **A**ssociation

G ...

GfdS	**G**esellschaft **f**ür **d**eutsche **S**prache
GmbH	**G**esellschaft **m**it **b**eschränkter **H**aftung

H ...

HGB **H**andels**g**esetz**b**uch

I ...

ICGN **I**nternational **C**orporate **G**overnance **N**etwork

IKB **I**ndustrie**k**redit**b**ank

InsO **Ins**olvenz**o**rdnung

InvG **Inv**estment**g**esetz

IWF **I**nternationaler **W**ährungs**f**onds

K ...

K+S **K**ali **+** **S**alz

KfW **K**reditanstalt **f**ür **W**iederaufbau

KGaA **K**ommandit**g**esellschaft **a**uf **A**ktien

KKR **K**ohlberg **K**ravis **R**oberts

KStG **K**örperschafts**st**euer**g**esetz

L ...

LSE **L**ondon **S**tock **E**xchange

M ...

MAN **M**aschinenfabrik **A**ugsburg-**N**ürnberg

MDAX **M**idcap-**DAX**

MG **M**etall**g**esellschaft

MTU **M**otoren- und **T**urbinen-**U**nion

N ...

NordLB **Nord**deutsche **L**andes**b**ank Girozentrale

NYSE **N**ew **Y**ork **S**tock **E**xchange

R ...

RAG **R**uhrkohle **AG**

RWE **R**heinisch-**W**estfälisches **E**lektrizitätswerk

S ...

S&P	**S**tandard **&** **P**oor's
SDAX	**S**mallcap-**DAX**
SPD	**S**ozialdemokratische **P**artei **D**eutschlands

T ...

TCI	**T**he **C**hildren's **I**nvestment Fund
TecDAX	**D**eutscher **Tec**hnologie-**A**ktieninde**x**
TPG	**T**exas **P**acific **G**roup
TUI	**T**o**u**ristik **I**nternational

V ...

VEBA	**V**ereinigte **E**lektrizitäts- und **B**ergwerks**a**ktiengesellschaft
VIAG	**V**ereinigte **I**ndustrieunternehmungen **AG**

W ...

WGZ	**W**estdeutsche **G**enossenschafts-**Z**entralbank
WpÜG	**W**ert**p**apiererwerbs- und **Ü**bernahme**g**esetz

1 Einstieg in die Finanzierung

1.1 Die Unternehmensbilanz

Die **Passivseite** einer Unternehmensbilanz (Abbildung 1) lässt die **Herkunft** der dem Unternehmen zur Verfügung stehenden finanziellen Mittel erkennen. Von **Eigenkapital oder Beteiligungskapital** spricht man unter anderem, wenn die Eigentümer Geld in ein Unternehmen einbringen. Stellen unternehmensfremde Dritte (Gläubiger, z. B. Banken) Kapital zur Verfügung, so spricht man von **Fremdkapital oder Gläubigerkapital**. Fremdkapital steht dem Unternehmen zeitlich begrenzt zur Verfügung und kann zum Beispiel in Form eines Darlehens bereitgestellt werden. Die **Mittelbeschaffung** wird auch als **Finanzierung** bezeichnet.

BILANZ

Aktiva	**Passiva**
Anlagevermögen	Eigenkapital
Umlaufvermögen	Fremdkapital
Mittelverwendung	Mittelherkunft, Mittelbeschaffung

Abbildung 1 - Grundstruktur einer Unternehmensbilanz

Die **Aktivseite** der Bilanz gibt Auskunft über die **Verwendung** der Mittel. Hier unterscheidet man das **Anlagevermögen** (z. B. Grundstücke, technische Anlagen und Maschinen) und das **Umlaufvermögen** (z. B. Vorräte, Kassenbestand, Guthaben bei Kreditinstituten). Als Synonym für **Mittelverwendung** wird in der Betriebswirtschaft der Begriff **Investition** verwendet.

1.2 Finanzierung als betriebswirtschaftliche Funktion

Die von einem Unternehmen erstellten Leistungen werden verwertet, also über Absatzmärkte an Nachfrager abgegeben. Der Absatz führt allerdings nicht immer zu einer sofortigen **Einzahlung**, d. h. das Unternehmen als Zahlungsempfänger baut zunächst einen Debitorenbestand bzw. eine Forderung gegenüber dem Kunden auf.

Zur Leistungserstellung und -verwertung benötigt das Unternehmen Produktionsfaktoren, die es auf den Beschaffungsmärkten erwirbt. Auch hier gilt: Das Unternehmen bezahlt nicht immer unverzüglich, d. h. es entsteht nicht immer sofort eine **Auszahlung**. Es werden vorübergehende Kreditorenbestände bzw. Verbindlichkeiten aufgebaut.

Da Auszahlungen in der Regel anfallen, bevor Einzahlungen verbucht werden können, entsteht dem Unternehmen ein **Kapitalbedarf**. Dieser muss im Rahmen der Finanzierung gedeckt werden, ansonsten gerät das Unternehmen in Zahlungsschwierigkeiten, es verliert seine Liquidität, was die Eröffnung eines Insolvenzverfahrens zur Folge haben kann.

Die Insolvenzordnung (InsO) regelt, dass bei drohender Zahlungsunfähigkeit auf eigenen und bei vorhandener Zahlungsunfähigkeit auf eigenen oder auf Antrag eines Gläubigers das Insolvenzverfahren eröffnet wird. Bei juristischen Personen liegt ein weiterer Eröffnungsgrund vor, wenn die Schulden das Vermögen übersteigen (Überschuldung).

1.3 Klassische Finanzierungsarten

Die Möglichkeiten, die ein Unternehmen zur Kapitalbeschaffung, oder anders ausgedrückt, zur Deckung seines Kapitalbedarfs hat, können anhand verschiedener Kriterien von einander unterschieden werden. Gebräuchlich ist eine Gliederung nach der **Kapitalherkunft**. Hier unterscheidet man die

- **Außenfinanzierung**, bei der Geld von außen ins Unternehmen kommt, von der
- **Innenfinanzierung**. Hier erhöht das Unternehmen sein Kapital aus eigener Kraft, z. B. durch Gewinneinbehaltung (Gewinnthesaurierung).

Die Außenfinanzierung kann, je nach **Rechtsstellung der Kapitalgeber**, weiter unterteilt werden in

- **Eigenfinanzierung** und
- **Fremdfinanzierung**.

Bei der Eigenfinanzierung wird Kapital von außen zu Eigenkapital, die „Einbringenden" sind folglich Eigentümer. Anders verhält es sich bei der Fremdfinanzierung, hier stellen unternehmensfremde Dritte Kapital (Fremdkapital) zur Verfügung.

Eine Übersicht über die klassischen Finanzierungsarten liefert Abbildung 2.

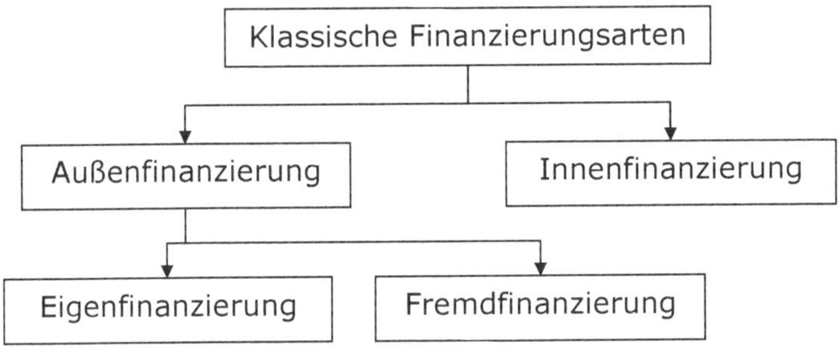

Abbildung 2 - Klassische Finanzierungsarten

1.3.1 Innenfinanzierung

Finanziert sich das Unternehmen aus dem Umsatzprozess heraus, so liegt Innenfinanzierung vor. Diese Möglichkeit besteht jedoch nur, wenn die Einzahlungen des Unternehmens dessen Auszahlungen übersteigen. Ist dies der Fall, so liegt ein negativer Kapitalbedarf vor, man spricht deshalb auch von Finanzierung durch negativen Kapitalbedarf. Die Innenfinanzierung besitzt verschiedene Unterarten, die in diesem Buch jedoch nicht besprochen werden.

1.3.2 Außenfinanzierung

1.3.2.1 Eigenfinanzierung

Im Rahmen der Außenfinanzierung kommt zunächst die Eigenfinanzierung (auch: Beteiligungsfinanzierung, Einlagenfinanzierung) in Betracht, bei der **Kapital von außen zu Eigenkapital** wird. Dies ist immer dann der Fall, wenn die Eigentümer des Unternehmens als Kapitalgeber fungieren. So käme es z. B. einer Eigenfinanzierung gleich, wenn eine GmbH einen neuen Gesellschafter aufnimmt und dieser eine Einzahlung auf das Stammkapital der Gesellschaft leistet. Allgemein liegt Eigenfinanzierung immer dann vor, wenn neue Eigentümer aufgenommen werden oder wenn bestehende Eigentümer ihre Einlage erhöhen.

1.3.2.2 Fremdfinanzierung

Eine Fremdfinanzierung liegt vor, wenn **Kapital von außen zu Fremdkapital** wird. Der Eigentümer eines gewissen Geldbetrags verleiht diesen zeitlich begrenzt. Der Entleihende wird für diese Zeit zum Besitzer des Geldes. Klassischerweise tritt eine Bank als Kreditgeber und ein Unternehmen als Kreditnehmer auf. In jedem Fall kommt das Geld von unternehmensfremden Dritten, die gegenüber dem entleihenden Unternehmen eine schuldrechtliche Gläubigerstellung einnehmen.

1.3.2.3 Eigenschaften von Eigen- und Fremdkapital

Die nachfolgende Abbildung (Abbildung 3) vergleicht wesentliche Eigenschaften von Eigen- und Fremdkapital.

	Eigenkapital	Fremdkapital
Rechtsstellung der Kapitalgeber	Die Kapitalgeber (Gesellschafter) erwerben Miteigentum am Unternehmen.	Fremdkapitalgeber nehmen eine schuldrechtliche Gläubigerstellung ein.
Rechte und Pflichten der Kapitalgeber bezüglich der Unternehmensführung	Aus der Miteigentümerstellung heraus ergeben sich Mitwirkungs-, Mitsprache-, Zustimmungs- und Kontrollrechte sowie -pflichten.	Keine entsprechenden Rechte und Pflichten, in der Praxis nutzen Kapitalgeber ihre Gläubigerstellung aber häufig dennoch, um Einfluss auf die Unternehmensführung zu üben.
Erfolgsbeteiligung der Kapitalgeber	Anspruch auf Gewinnanteil und Pflicht zur Beteiligung am Verlust (ggf. Nachschusspflicht).	Erfolgsunabhängige, feste Basisverzinsung.

(Fortsetzung siehe nächste Seite.)

Vermögensanspruch der Kapitalgeber	Im Insolvenzfall Anspruch auf den Liquidationserlös, zunächst, da Eigenkapital Haftungskapital ist, haften Eigenkapitalgeber aber mit ihrer Einlage für die Verbindlichkeiten des Unternehmens. Der Vermögensanspruch kommt daher nur zum Tragen, wenn der Liquidationserlös die Verbindlichkeiten übersteigt.	Ein Vermögensanspruch ist nicht vorhanden. Auch haften Fremdkapitalgeber nicht für Verbindlichkeiten des Unternehmens. Sie haben lediglich Anspruch auf Rückzahlung der zur Verfügung gestellten Summe.
Kapitalüberlassung	Unbefristet.	Befristet.
Besicherung des Kapitals	Eine Besicherung des zur Verfügung gestellten Kapitals erfolgt nicht.	Fremdkapitalgeber verlangen regelmäßig eine Besicherung des zur Verfügung gestellten Kapitals durch Vermögen.
Liquiditätsbelastung durch das Kapital	Variabel, abhängig von der Gewinnausschüttung.	Fix (Zinsen und Tilgung).

(Fortsetzung siehe nächste Seite.)

Steuerliche Sicht	Eigenkapitalgeber haben Anspruch auf einen Anteil am Gewinn, dieser wird jedoch vor Ausschüttung versteuert.	Fremdkapitalzinsen sind als Aufwendungen handels- und steuerrechtlich abzugsfähig, d. h. sie mindern den Gewinn, bevor dieser versteuert wird.

Abbildung 3 - Vergleich zwischen Eigen- und Fremdkapital

1.4 Finanzierungsarten in der Praxis

Finanzierungsvolumina werden in der Praxis zu einem Großteil über die Außenfinanzierung abgedeckt. Hier kommt klassischerweise die Eigenfinanzierung in Betracht, bei der die Unternehmenseigentümer Kapital zur Verfügung stellen. Von größerer Bedeutung ist aber die Fremdfinanzierung. In ihrem Rahmen fungieren vor allem **Banken als Kapitalgeber**, weswegen man auch vom Vorliegen einer bankorientierten Finanzierung spricht.

Exkurs: Die Eigenkapitalquote deutscher Unternehmen

Die Eigenkapitalquote deutscher Unternehmen ist niedrig. Abbildung 4 zeigt die Eigenkapitalausstattung mittelgroßer Unternehmen im Verhältnis zur Bilanzsumme.

Verhältnis von Eigenkapital zur Bilanzsumme	**Prozent der befragten Unternehmen, Rest ohne Angabe**
Bis 10%	32,9
Bis 20%	24,8
Bis 30%	18,7
Über 30%	23,5

Abbildung 4 - Eigenkapitalquote deutscher Unternehmen (Quelle: Verband der Vereine Creditreform e. V., S. 23, URL siehe Literaturverzeichnis)

2 Mezzanine Finanzierung

2.1 Begriffsursprung

Als weitere, sehr junge Finanzierungsart im Rahmen der Außenfinanzierung existiert die sog. mezzanine Finanzierung. Das deutsche Substantiv Mezzanin ist vom italienischen Wort für Zwischengeschoss abgeleitet und wird dementsprechend in der Baubranche und unter Architekten verwendet. Ein Mezzanin ist hier ein niedriges Zwischengeschoss, das sich meist zwischen Erdgeschoss und erstem Obergeschoss oder direkt unter dem Dach befindet. Besonders häufig finden sich Mezzanine in Bauwerken der Renaissance und des Barock.

Obwohl es das Adjektiv mezzanin im deutschen Sprachgebrauch nicht gibt, spricht man von mezzaniner Finanzierung und mezzaninem Kapital, dominant ist jedoch der Begriff Mezzanine-Kapital (auch: Mezzanine), abgeleitet vom englischen Substantiv mezzanine. Verwunderlich in diesem Zusammenhang ist, dass der im Duden gelistete Ausdruck Mezzaninkapital im Fachjargon kaum gebraucht wird.

2.2 Überblick über grundlegende Eigenschaften von Mezzanine-Kapital

Getreu der Bedeutung des Wortes Mezzanin kann mezzanines Kapital von seinen Eigenschaften her als **„Zwischengeschoss" zwischen Eigenkapital und Fremdkapital** gesehen werden. Eine einheitliche Definition existiert weder in der Betriebswirtschaft noch in den Rechtswissenschaften.[1] Die Bezeichnung wird immer dann verwendet, wenn eine „Mischform" von klassischem Eigenkapital und klassischem Fremdkapital vorliegt.

Da mezzanines Kapital von unternehmensfremden Dritten zur Verfügung gestellt wird, ist es aus Sicht der Eigentümer immer Fremdkapital. Gebräuchlich ist daher die Bezeichnung **unternehmerisches Fremdkapital**. Die bilanzielle Sicht kann eine andere sein. In Abhängigkeit vom im konkreten Fall eingesetzten Finanzierungsinstrument (siehe Kapitel 2.4) ist mezzanines Kapital **bilanziell entweder Eigenkapital oder Fremdkapital**.

Unabhängig vom im konkreten Fall eingesetzten Finanzierungsinstrument und der damit einhergehenden bilanziellen Zuordnung zu Eigenkapital oder Fremdkapital verfügt mezzanines Kapital über die nachfolgend aufgeführten Eigenschaften.

2.2.1 Eigenkapitalähnliche Eigenschaften

Vom Eigenkapital besitzt mezzanines Kapital die Eigenschaft der **Nachrangigkeit gegenüber klassischem Fremdkapital**.[2] Im Insolvenzfall bedeutet dies, dass klassische Fremdkapitalgläubiger vor den Gläubigern von mezzaninem Kapital befriedigt werden. Überdies kann mezzanines Kapital **Haftungskapital** sein, es kann also unter Umständen zur Befriedigung

---

1 Vgl. Häger; Elkemann-Reusch, S. 22

2 Vgl. ebenda, S. 23

anderer Gläubigerforderungen herangezogen werden.[3] Aufgrund der mit der Nachrangigkeit einhergehenden Risiken partizipiert mezzanines Kapital häufig an einer eventuellen **Wertsteigerung des Unternehmens**.[4] Es besitzt dann einen sog. **Equity Kicker**.

2.2.2 Fremdkapitalähnliche Eigenschaften

Vom Fremdkapital her rührt die **Befristung der Kapitalüberlassung** und die daraus sich ergebende **Rückzahlungsverpflichtung**.[5] In einschlägiger Fachliteratur ist von Laufzeiten zwischen fünf und zehn Jahren die Rede.[6] Ebenso fremdkapitalähnlich ist die erfolgsunabhängige, feste **Basisverzinsung** sowie die meist vorhandene **handels- und steuerrechtliche Abzugsfähigkeit der Zinsen** als Aufwand.[7] Wie bei klassischem Fremdkapital üblich werden Gläubiger von mezzaninem Kapital im Insolvenzfall vor den Eigenkapitalgläubigern befriedigt. Mezzanines Kapital besitzt somit eine **Vorrangigkeit gegenüber klassischem Eigenkapital**.[8]

---

[3] Vgl. Fischer: Unternehmerisches Fremdkapital: Mezzanine-Finanzierungen, in: Stadler, S. 225

[4] Vgl. ebenda

[5] Vgl. Häger; Elkemann-Reusch, S. 23

[6] Vgl. ebenda

[7] Vgl. ebenda

[8] Vgl. ebenda

2.2.3 Zusammenfassung

Wir halten fest, dass sich mezzanines Kapital sowohl vom Risiko der Investition als auch vom möglichen Ertrag her gesehen zwischen Eigen- und Fremdkapital bewegt (Abbildung 5).

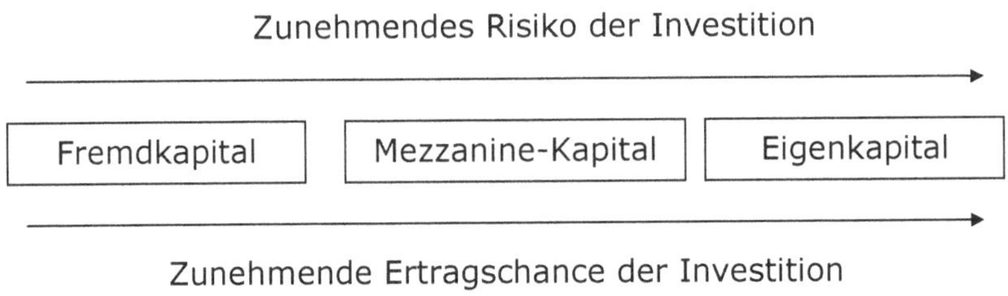

Abbildung 5 - Risiko und Ertrag der Kapitalarten

2.3 Der hybride Charakter mezzaniner Finanzierungsinstrumente

Aufgrund der geschilderten „Vermischung der Eigenschaften" werden mezzanine Finanzierungsinstrumente in ihrer Gesamtheit oft als hybride (zwitterhaft) bezeichnet.[9] Diese Zwitterhaftigkeit wird jedoch bereits durch das Adjektiv mezzanin zum Ausdruck gebracht.

Differenzierter ist die Unterteilung von mezzaninen Finanzierungsinstrumenten in Instrumente mit Fremdkapitalausrichtung, Instrumente mit Eigenkapitalausrichtung und hybride Finanzierungsinstrumente.[10] Hier werden nur diejenigen Instrumente als hybride bezeichnet, die während ihrer Laufzeit von

---

[9] Vgl. Fischer: A. a. O., S. 225

[10] Vgl. Häger; Elkemann-Reusch, S. 24

einer eher eigenkapitalähnlichen zu einer eher fremdkapitalähnlichen Ausprägung wechseln oder wechseln können. Dieser Einteilung wird im weiteren Verlauf dieses Buches gefolgt.

2.4 Mezzanine Finanzierungsinstrumente

Eine sehr große Flexibilität in der Ausgestaltung einer mezzaninen Finanzierung resultiert aus der Vielzahl an vorhandenen Finanzierungsinstrumenten sowie aus der Tatsache, dass diese Raum für eine individuelle Ausgestaltung mit sich bringen. Nachfolgend werden die gängigen mezzaninen Instrumente vorgestellt.

2.4.1 Instrumente mit Fremdkapitalausrichtung

Mezzanine-Kapital mit Fremdkapitalausrichtung wird auch „Senior Mezzanine" genannt und kann durch den Einsatz folgender Instrumente aufgebracht werden:[11]

- Nachrangiges Darlehen
- Verkäuferdarlehen
- Typisch stille Beteiligung

2.4.1.1 Nachrangiges Darlehen

Ein nachrangiges Darlehen (auch: Junior Debt oder Subordinated Debt) besitzt eine fremdkapitalübliche Befristung der Kapitalüberlassung.

---

[11] Vgl. Häger; Elkemann-Reusch, S. 26

Hauptausgestaltungsmerkmal eines Nachrangdarlehens ist die Nachrangigkeit gegenüber anderen Fremdkapitalgebern. Erreicht wird diese durch eine sog. Nachrangabrede (auch: Rangrücktrittsvereinbarung). In ihr tritt der Kapitalgeber gegenüber anderen Gläubigern zurück. In der Regel geschieht dies nur gegenüber bestimmten, in der Nachrangabrede genannten Gläubigern.[12] Ein genereller Rangrücktritt kommt selten vor und würde das Nachrangdarlehen stärker dem Eigenkapital gleichstellen.[13]

Der Bilanzausweis eines nachrangigen Darlehens erfolgt trotz des Rangrücktritts als Fremdkapital.[14] Gläubiger klassischen Fremdkapitals zählen es aber aufgrund der Nachrangabrede nicht zu den Verbindlichkeiten, sie sehen es stattdessen als relativ eigenkapitalähnlich an. Dies führt dazu, dass der von ihnen eingeräumte Kreditrahmen nicht geschmälert wird, da eventuell vorhandene Sicherheiten nach wie vor bestehen.[15]

Für die Gesellschafter besteht der Vorteil, dass ihre Beteiligungsquoten nicht verwässert werden. Die Vergütung des Darlehensgebers besteht in der Regel aus einer festen Basisverzinsung und einem Equity Kicker.[16]

---

12 Vgl. Häger; Elkemann-Reusch, S. 26

13 Vgl. ebenda

14 Vgl. ebenda

15 Vgl. ebenda, S. 27

16 Vgl. ebenda

2.4.1.2 Verkäuferdarlehen

Verkäuferdarlehen (auch: Vendor Loans) wurden speziell zur Finanzierung von Übernahmen entwickelt. Bei Anwendung dieses Instruments wird im Grund der Kaufpreis, der für ein Unternehmen zu zahlen ist, vom Unternehmensverkäufer gestundet. Dabei lässt sich der Verkäufer sein Eigenkapital formal auszahlen. Gleichzeitig bringt er den Betrag, der in der Regel vom Unternehmen zu Investitionszwecken verwendet wurde und somit faktisch gar nicht ohne Weiteres ausbezahlt werden kann, als Fremdkapital wieder ins Unternehmen ein. Der Käufer hat somit die Möglichkeit, den Kaufpreis später, mitunter in Raten, zu zahlen. Üblicherweise werden dazu Zahlungsmittel des übernommenen Unternehmens verwendet. Im Prinzip erfolgt damit eine Finanzierung des Kaufs durch das gekaufte Unternehmen.

2.4.1.3 Typisch stille Beteiligung

Der dritte Abschnitt des zweiten Buches im HGB regelt, was man unter einem stillen Gesellschafter versteht. So heißt es in § 230 HGB: „(1) Wer sich als stiller Gesellschafter an dem Handelsgewerbe, das ein anderer betreibt, mit einer Vermögenseinlage beteiligt, hat die Einlage so zu leisten, dass sie in das Vermögen des Inhabers des Handelsgeschäfts übergeht. (2) Der Inhaber wird aus den in dem Betrieb geschlossenen Geschäften allein berechtigt und verpflichtet." Wesentlicher Punkt einer stillen Gesellschaft ist somit, dass der stille Gesellschafter (auch: Stille) nach außen hin nicht auftritt, er erhöht die Einlage eines bisherigen Gesellschafters. Eine stille Gesellschaft ist somit eine reine Innengesellschaft und „von außen" nicht erkennbar.[17]

§ 231 HGB ergänzt: „(2) Im Gesellschaftsvertrag kann bestimmt werden, dass der stille Gesellschafter nicht am Verlust beteiligt sein soll; seine Beteiligung am Gewinn kann nicht ausgeschlossen werden." Wird eine Verlustbeteiligung zugelassen, so haftet der Stille gem. § 232 HGB nur bis zur Höhe seiner Einlage, eine Nachschusspflicht existiert nicht.

In der Praxis läuft die Errichtung einer stillen Gesellschaft ab indem der Stille mit einem bisherigen Unternehmenseigentümer einen Vertrag schließt, in dem die stille Gesellschaft begründet wird. In diesem Vertrag verpflichtet sich der Kapitalgeber zu der in § 230 Abs. 1 HGB vorgeschriebenen Einlage in das Gesellschaftsvermögen des Inhabers. Eine Verlustbeteiligung wird bei der typisch stillen Gesellschaft meist ausgeschlossen.[18]

Die Gewinn- bzw. Verlustbeteiligung eines Stillen errechnet sich aus dem ordentlichen Betriebsergebnis.[19] Der Stille ist also nur an den Geschäften beteiligt, die das Handelsgeschäft des Inhabers gewöhnlich mit sich bringt. Zusätzlich erhält er eine feste Basisverzinsung.[20]

---

[17] Vgl. Häger; Elkemann-Reusch, S. 74

[18] Vgl. ebenda, S. 77

[19] Vgl. ebenda

[20] Vgl. ebenda

Was den Bilanzausweis angeht, so ist aufgrund der auf die Einlage beschränkten Verlustbeteiligung und der Tatsache, dass der Stille im Insolvenzfall wie ein Insolvenzgläubiger behandelt wird, die Auffassung verbreitet, dass der Ausweis als Fremdkapital erfolgen muss.[21] Gem. § 233 HGB und in Abgrenzung zum Nachrangdarlehen ist ein stiller Gesellschafter mit bestimmten Kontrollrechten ausgestattet.[22]

2.4.2 Hybride Instrumente

Die hybriden Instrumente teilen sich auf in:[23]

- Wandelanleihen
- Optionsanleihen
- Going-Public-Anleihen

2.4.2.1 Wandel- und Optionsanleihen

Wandelanleihen sind Schulverschreibungen (sog. Wandelschuldverschreibungen), die dem Kapitalgeber bei Fälligkeit der Anleihe das Recht gewähren, statt Rückzahlung des von ihm zur Verfügung gestellten Kapitals die Lieferung von Aktien des Emittenten zu verlangen.[24] Macht der Kapitalgeber (Anleihengläubiger) von diesem Recht Gebrauch, so verfällt sein Anspruch auf Rückzahlung. In der Praxis werden Wandelanleihen meist von Unternehmen begeben, die sich dadurch zunächst

---

[21] Vgl. Häger; Elkemann-Reusch, S. 29

[22] Vgl. ebenda, S. 30

[23] Vgl. ebenda

[24] Vgl. Schmalen, S. 621

Fremdkapital verschaffen. Gesetzliche Regelungen finden sich in § 221 AktG.

Optionsanleihen sind ebenfalls Schuldverschreibungen (sog. Optionsschuldverschreibungen), hier tritt das Bezugsrecht auf Aktien des Emittenten aber nicht anstelle des Rückzahlungsrechts, sondern es existiert parallel, also zusätzlich zum Rückzahlungsanspruch.[25] Dementsprechend wird das Optionsrecht des Anleihengläubigers in separaten Optionsscheinen verbrieft, die ab einem bestimmten Zeitpunkt selbständig (unabhängig von der Optionsanleihe) handelbar sind. Der aus der Option berechtigte Anleihengläubiger ist im Fall der Ausübung seines Optionsrechts erneut zu einer Einlage verpflichtet.

Bei beiden Formen gibt eine AG oder KGaA junge Aktien aus einer eigens zu diesem Zweck beschlossenen bedingten Kapitalerhöhung heraus.[26]

Da der Kurs, zu dem Aktien bezogen werden können, bereits vor Ausgabe der Anleihe feststeht, hat der Kapitalgeber durch sein Wandlungs- bzw. Optionsrecht die Möglichkeit, an einer Wertsteigerung des Unternehmens zu partizipieren, was allerdings regelmäßig mit einer niedrigen, festen Basisverzinsung einhergeht.[27]

---

[25] Vgl. Schmalen, S. 621 f.

[26] Vgl. ebenda

[27] Vgl. ebenda

Das begebende Unternehmen erhält durch die Emission von Anleihen zunächst Fremdkapital. Kommt es zu einer Wandlung, so wird die Einlage des Anleihengläubigers in Eigenkapital überführt, wodurch der hybride Charakter dieses Finanzierungsinstruments besonders deutlich wird. Bei der Ausübung einer Option erhält das Unternehmen ebenfalls Eigenkapital, allerdings in Ergänzung zum bereits eingebrachten, letztlich zur Rückzahlung fälligen Fremdkapital.

2.4.2.2 Going-Public-Anleihe

Die Going-Public-Anleihe kann, wie auch schon die Optionsanleihe, als Abwandlung der gesetzlich geregelten Wandelschuldverschreibung gesehen werden. Der Anleihengläubiger wird hier zum Erwerb von Aktien einer noch an der Börse einzuführenden AG oder KGaA berechtigt. Ein Wandlungsrecht kommt also nur im Fall eines Börsengangs (auch: Going Public oder Initial Public Offering) zum Tragen.[28] Auch die Going-Public-Anleihe ist durch eine geringe, feste Basisverzinsung gekennzeichnet, die Bilanzierung verhält sich analog zur Wandelanleihe.

---

[28] Vgl. Häger; Elkemann-Reusch, S. 32

2.4.3 Instrumente mit Eigenkapitalausrichtung

Bei eigenkapitalähnlichem mezzaninen Kapital handelt es sich um unternehmerisches Fremd-, gleichzeitig aber um bilanzielles Eigenkapital. Es wird auch „Junior Mezzanine" genannt. Eigenkapitalausrichtung weisen die folgenden mezzaninen Instrumente auf:[29]

- Genussrechte
- Atypisch stille Beteiligung

2.4.3.1 Genussrechte

Genussrechte (auch: Genussscheine) werden ebenso wie Anleihen von Unternehmen genutzt, um Fremdkapital zu beschaffen. Der Kapitalgeber geht bei Zeichnung eines Genussscheins eine schuldrechtliche Gläubigerstellung mit dem Emittenten ein.

Die Verzinsung von Genussscheinen muss sich am Unternehmenserfolg (Teilnahme am Gewinn oder Verlust und am Liquidationserlös) orientieren.[30]

Im Gegensatz zu Aktien besteht bei Genussrechten zunächst kein Recht auf Mitwirkung in der Unternehmensführung, es kann dieses jedoch vertraglich vereinbart werden.[31]

In der Handelsbilanz des Unternehmens ist ein Ansatz als Sonderposten des Eigenkapitals möglich. Dies resultiert aus der

---

[29] Vgl. Häger; Elkemann-Reusch, S. 33

[30] Vgl. ebenda

[31] Vgl. ebenda

Nachrangigkeit gegenüber anderen Kapitalgebern sowie der vollen Teilnahme am Verlust (nicht nur in Höhe der Einlage).[32]

2.4.3.2 Atypisch stille Beteiligung

Die atypisch stille Beteiligung weicht nur geringfügig von ihrem typischen „Kollegen" ab. Die Differenzen reichen allerdings aus, um eine Zuordnung zum Eigenkapital zu erzwingen.

Im Gegensatz zur typisch stillen Beteiligung wird der Gewinnanteil des Stillen aus der Handelsbilanz errechnet und somit nicht nur aus den Geschäften, die das Handelsgeschäft des Inhabers für gewöhnlich mit sich bringt.[33] Der zusätzlich gezahlte Zins ist meist variabel und abhängig vom Unternehmenserfolg. Weiterhin ist der Stille am Liquidationserlös beteiligt, er kann also im Insolvenzfall nicht als Insolvenzgläubiger auftreten. [34] Regelmäßig wirkt er, abweichend vom gesetzlichen Leitbild, das in § 230 Abs. 1 HGB zum Ausdruck kommt, auch in der Geschäftsführung mit.[35]

2.4.3.3 Vorzugsaktie

Einige Quellen bezeichnen auch die Ausgabe von Vorzugsaktien als mezzanines Finanzierungsinstrument, stellvertretend soll hier Fischer genannt werden.[36] Das Grundkapital (auch: Gezeichnetes Kapital) einer AG oder KGaA ist in Aktien aufgeteilt.

---

[32] Vgl. Häger; Elkemann-Reusch, S. 33 f.

[33] Vgl. ebenda, S. 78

[34] Vgl. ebenda

[35] Vgl. ebenda, S. 51

[36] Vgl. Fischer: A. a. O., S. 226

Es gehört zum Eigenkapital und entspricht dem Kapital, auf das die Haftung der Gesellschafter für Verbindlichkeiten der Gesellschaft beschränkt ist. Typischerweise ist das gezeichnete Kapital in Stück- oder Stammaktien aufgeteilt. Stammaktien mit gleichem Nennwert haben gleiches Stimmrecht auf der Hauptversammlung, gleichen Anspruch auf Gewinnbeteiligung (Dividende) sowie gleichen Anspruch auf einen Anteil am Liquidationserlös. Fällt das Stimmrecht weg, so handelt es sich um Vorzugsaktien. Als Kompensation wird regelmäßig eine höhere Dividende bezahlt. Zu beachten ist, dass das Vorzugskapital das stimmberechtigte Kapital nicht übersteigen darf.

2.5 Gründe für die Hereinnahme von Mezzanine-Kapital

Die Innenfinanzierung bewegt sich in den Grenzen der Leistungsfähigkeit des Unternehmens. Der Cashflow, der Überschuss der Einzahlungen über die Auszahlungen, kann nicht nach Belieben gesteigert und zu Finanzierungszwecken verwendet werden, sodass ein Großteil des Finanzierungsvolumens regelmäßig über die Außenfinanzierung abgedeckt werden muss.[37]

In vielen Fällen stoßen aber auch die klassischen Finanzierungsarten Eigen- und Fremdfinanzierung an ihre Grenzen. Die Eigentümer wollen oder können oft kein weiteres Kapital zur Verfügung stellen, für noch mehr Fremdkapital mangelt es - häufig genau aus diesem Grund - an Sicherheiten. Oftmals

[37] Vgl. Gugglberger; König; Mayer: Finanzierungsinstrumente im Überblick, in: Stadler, S. 128

steht auch ein zu geringer Cashflow weiteren Krediten entgegen, schließlich muss das Unternehmen aus ihm heraus den Kapitaldienst (Zins und Tilgung) leisten.

Bei in Familienbesitz befindlichen Unternehmen ist eine weitere Eigenkapitalaufnahme häufig nicht erwünscht, da einem neuen Gesellschafter aufgrund seiner Miteigentümerstellung umfangreiche Mitwirkungsrechte zustehen würden.

Ist die Hereinnahme von neuem Kapital in Situationen, wie den oben geschilderten, trotzdem erforderlich, so empfiehlt sich aufgrund seiner Eigenschaften mezzanines Kapital.

2.6 Mezzanine Finanzierungsinstrumente und die Literatur

Ein Blick in einschlägige Fachliteratur zeigt, dass die Zuordnung von mezzaninen Instrumenten nicht einheitlich vorgenommen wird. Kennen gelernt haben wir die von Häger und Elkemann-Reusch vorgenommene Unterteilung. Jedoch weicht bereits Fischer davon ab, indem er auch die Vorzugsaktie zum eigenkapitalähnlichen Mezzanine zählt. Interessant zu sehen ist der Wandel bei Schmalen. Er selbst erwähnt in der letzten von ihm betreuten Auflage 2002 mezzanines Kapital nicht. Sein akademischer Schüler Pechtl, der seit 2002 Schmalens Werk betreut, bezeichnet Mezzanine-Kapital als modisches Schlagwort.[38] Diese Aussage ist vor dem Hintergrund zu sehen, dass mezzanine Instrumente keinesfalls neu sind. Neu ist lediglich, dass Instrumente, die weder klassischer Eigenfinanzierung noch klassi-

[38] Vgl. Schmalen; Pechtl, S. 404

scher Fremdfinanzierung zugeordnet werden können, als mezzanin bezeichnet werden.

2.7 Mezzanine-Geber

Typische Mezzanine-Geber sind **Finanzinvestoren**. Hier kommen vor allem **Venture-Capital- und Private-Equity-Fonds**, aber auch **vermögende Privatpersonen** in Betracht.[39] In den letzen Jahren kann beobachtet werden, dass vor allem **Banken** und **Versicherungen** eigenständige Mezzanine-Fonds auflegen.[40]

---

[39] Vgl. Häger; Elkemann-Reusch, S. 66

[40] Vgl. ebenda

3 Private Equity

Der Begriff Private Equity stammt aus dem angelsächsischen Sprachraum und bedeutet übersetzt „Privates Eigenkapital".

Möchte ein Unternehmen seinen Kapitalbedarf am Kapitalmarkt befriedigen, so bestehen grundsätzlich zwei Möglichkeiten. Man unterscheidet den

- Private-Equity-Markt vom
- Public-Equity-Markt.

Der **Public-Equity-Markt** umfasst die etablierten Wertpapierbörsen wie die Deutsche Börse oder die New York Stock Exchange (NYSE). Er ist organisiertet, öffentlich, letztlich aber anonym in dem Sinn, dass ein Unternehmen in der Regel nicht weiß, wer seine Anteilseigner sind. Public Equity können sich Unternehmen in den Rechtsformen der **AG und der KGaA** durch einen Börsengang oder eine Kapitalerhöhung verschaffen.

Dem nicht organisierten **Private-Equity-Markt** werden alle Transaktionen zugeordnet, die außerhalb der organisierten Wertpapiermärkte stattfinden. Private-Equity-Geber sind dem Unternehmen, in das sie investieren, in der Regel bekannt. Ein Private-Equity-Investment ist **von der Rechtsform unabhängig**.

In jedem Fall wird Private Equity im Rahmen der Außenfinanzierung aufgenommen. In der Literatur ist meist zu lesen, dass die Kapitalgeber Eigenkapital zur Verfügung stellen, wodurch eine

Zuordnung zur Eigenfinanzierung gegeben wäre. Allerdings widerspricht bereits die Tatsache, dass Private Equity befristet eingesetzt wird, dieser Auffassung. Daher soll Private Equity im weiteren Verlauf dieses Buches nicht als Eigenkapital, sondern als mezzanines Kapital angesehen werden.

3.1 Unternehmer vs. Private-Equity-Geber

Die Zuordnung von Private Equity zu mezzaninem Kapital kann untermauert werden durch den Unterschied zwischen Private-Equity-Gebern und „klassischen" Gesellschaftern. Ein Private-Equity-Geber stellt einem Unternehmen mezzanines Kapital zur Verfügung. Er erwirbt dafür zwar unter Umständen Miteigentum, sieht seine Investition dabei aber vordergründig als gewinnbringende Geldanlage. Im Unterschied zu den „eigentlichen" Eigentümern, die evtl. sogar einst Gründer waren und die vor allem bei kleinen und mittelgroßen Unternehmen primär an der Aufrechterhaltung genau dieses, „ihres" Unternehmens interessiert sind, investiert ein Private-Equity-Geber vornehmlich dort, wo er sich die größte Wertsteigerung erhofft. Private-Equity-Geber bilden also eine dritte Gruppe neben „klassischen Eigenkapitalgebern" und „klassischen Fremdkapitalgebern".

3.2 Eigenkapital vs. Private Equity

Ein Private-Equity-Geber erwirbt in der Regel Miteigentum am Unternehmen, in jedem Fall aber gewisse Kontrollrechte. Im Gegensatz zu klassischem Eigenkapital wird Private Equity befristet zur Verfügung gestellt. Zinsen werden nicht verlangt, stattdessen hoffen die Kapitalgeber auf eine Wertsteigerung ihrer Anteile. Bader schreibt entsprechend: „„Zur Realisierung eines dem Risiko angemessenen Gewinns besteht von vornherein die Absicht, die Beteiligung wieder zu veräußern.'"[41] Eine solche Veräußerung wird in der Fachsprache Exit genannt. Einig sind sich die Autoren darin, dass Private Equity im Unterschied zu Eigenkapital grundsätzlich nicht-börsennotierten Unternehmen zur Verfügung gestellt wird.[42] Exits werden häufig im Rahmen eines Börsengangs vollzogen.

Private-Equity-Investoren nehmen häufig neben der reinen Kapitalversorgungsfunktion auch ihre Managementfunktion aktiv wahr. Im Rahmen dieser üben sie, typisch für Eigenkapitalgeber, Einfluss auf die Unternehmensführung. Diese Einflussnahme ist vor allem vor dem Hintergrund des erhöhten Risikos einer Private-Equity-Investition, welches sich aus der Nachrangigkeit von Private Equity gegenüber klassischem Fremdkapital ergibt, zu sehen.

3.3 Private Equity als Oberbegriff

Der Bundesverband Deutscher Kapitalbeteiligungsgesellschaften - German Private Equity and Venture Capital Association e. V. (kurz: BVK) definiert Private Equity als „Oberbegriff für alle Eigenkapital-Anlageformen"[43]. Hiermit konform geht die European Venture Capital and Private Equity Association (kurz: EVCA), auf die unter anderem Eckstaller und Huber-Jahn verweisen.[44]

---

41 Häger; Elkemann-Reusch, S. 21

42 Vgl. ebenda

43 Bundesverband Deutscher Kapitalbeteiligungsgesellschaften - German Private Equity and Venture Capital Association e. V., URL siehe Literaturverzeichnis

44 Vgl. Eckstaller; Huber-Jahn, S. 11

3.4 Private Equity als Teilgebiet und Venture Capital

Private Equity wird nicht immer im Sinn eines Oberbegriffs gebraucht. Die Fachliteratur liefert einen zweiten Standpunkt. Diesen bringen Hackl und Jandl zum Ausdruck, indem sie schreiben: „Private Equity fließt in reifere, mittelständische Unternehmen, die sich in der Regel in einer Veränderungs- oder Wachstumsphase befinden."[45] Sie fassen den Begriff Private Equity somit enger und grenzen ihn vom Begriff Venture Capital ab.

„Beteiligungskapital für junge Unternehmen in innovativen Sektoren wird als Venture Capital bezeichnet."[46] Dabei lässt sich der englischsprachige Begriff „Venture Capital" wahlweise mit Risikokapital oder Wagniskapital ins Deutsche übersetzen. Häufig fließt Venture Capital in neu gegründete Unternehmen. Nicht selten werden Geschäftsideen finanziert, deren Erfolg noch nicht absehbar ist. Dies ist häufig in sehr jungen, innovativen Branchen der Fall.

Hackl und Jandl machen mit ihren Definitionen von Private Equity und Venture Capital deutlich, dass der Zeitpunkt (bezogen auf das Alter des Unternehmens), zu dem Kapital in ein Unternehmen eingebracht wird, entscheidend ist für die Frage, ob es sich um Venture Capital oder Private Equity handelt (Abbildung 6, Seite 31).

---

45 Hackl; Jandl: Beteiligungsfinanzierung durch Venture Capital und Private Equity, in: Stadler, S. 194

46 ebenda

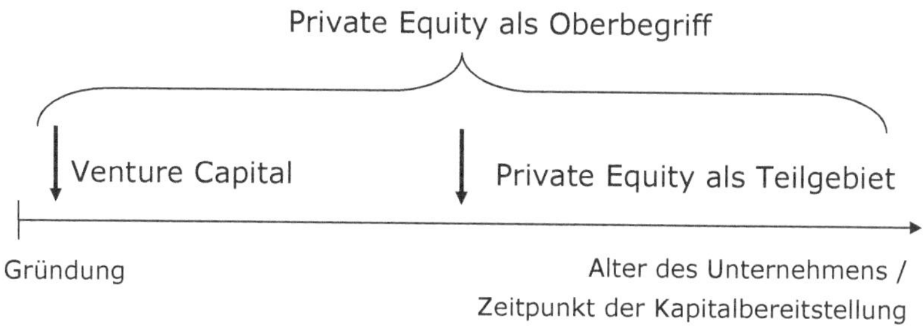

Abbildung 6 - Venture Capital und Private Equity als Teilgebiet

Da eine einheitliche Verwendung des Begriffs Private Equity nicht gegeben ist, ist es ratsam, ergänzende Erläuterungen mit einzubeziehen, will man erfassen, in welcher Weise der Begriff gebraucht wird. Wenn im Verlauf dieses Buches von Private E-quity die Rede ist, so ist Private Equity nicht als Oberbegriff, sondern als Teilgebiet, nach der Definition von Hackl und Jandl gemeint, in Abgrenzung zu Venture Capital.

Exkurs: Venture Capital

Zu allen Zeiten der Menschheitsgeschichte gab es Vorhaben, die einer Finanzierung durch Wagniskapital bedurften. Ein historisch bekanntes Beispiel gibt der Italiener Christoph Kolumbus (1451 - 1506) ab, der im Auftrag und mit finanzieller Unterstützung der spanischen Krone in See stach um Indien zu erreichen. Von einer „Fondskonstruktion" kann man bei dem Vorhaben, das letztlich zur Besiedelung Mittelamerikas führte, sprechen, weil auch Geschäftsleute Geld zur Verfügung stellten. Diese „Verbundenheit" zwischen Venture Capital und den USA pflanzt sich fort, als 1946 der erste Venture-Capital-Fonds aufgelegt wird:

Georges Doriot, Professor an der Harvard University und Ralph E. Flanders, Präsident der Federal Reserve Bank gründen die American Research and Development Corporation. Die USA haben sich in der Zeit danach als Vorreiter im Bereich Venture Capital etabliert. Gerade die sog. New Economy, die ihren Ursprung im Silicon Valley und damit rund um die kalifornische Stadt Palo Alto hat, hätte es ohne Wagniskapital wohl kaum gegeben. Für Unternehmen wie Hewlett-Packard, Apple oder Compaq war Wagniskapital die einzige Überlebenschance. Welch gigantische Entwicklung Venture Capital in den folgenden Jahren nahm, zeigen die folgenden Zahlen: In 1998 waren im Silicon Valley 3,3 Mrd. US-Dollar an Wagniskapital investiert.[47] (In der gesamten Bundesrepublik Deutschland hingegen waren es gerade einmal 1,9 Mrd. US-Dollar.[48]) Selbst im dritten Quartal 2000, nach dem Einbruch der New Economy, waren es im Silicon Valley noch 6,95 Mrd.[49]

In Deutschland legte die 1975 gegründete Deutsche Wagniskapitalgesellschaft den ersten Venture-Capital-Fonds auf. Einen Aufschwung erlebte die Wagniskapitalfinanzierung durch den Gründerboom ab der Mitte der 90er Jahre. Zwischen 1988 und 1998 wuchs das investierte Kapital um durchschnittlich 17,5% pro Jahr.[50] Mit den drastischen Kurseinbrüchen an den Welt-, insbesondere aber an den Technologiebörsen verschlechterte sich im Jahr 2000 das Umfeld für Venture-Capital-Investitionen. Der gewohnte

---

47 Vgl. Eckstaller; Huber-Jahn, S. 48

48 Vgl. ebenda

49 Vgl. ebenda

50 Vgl. ebenda, S. 51

Verkauf von Unternehmensbeteiligungen durch einen Börsengang der mit Wagniskapital finanzierten Unternehmen gestaltete sich schwierig, da immer weniger Anleger bereit waren, Aktien von Unternehmen der New Economy zu kaufen.

Mit dem Gesetz zur Förderung von Wagniskapital, das am 30. Juli 2004 verabschiedet wurde, wollte die Bundesregierung zwischenzeitlich zu einer Systematisierung im Bereich Venture Capital beitragen. Das Gesetz stellt den besonderen Gewinnanteil, den die Initiatoren eines Venture-Capital-Fonds beim Verkauf der Unternehmensanteile erhalten, unter das Halbeinkünfteverfahren, wodurch eine 50%ige Steuerfreiheit erreicht wird. Das Halbeinkünfteverfahren entfällt jedoch mit der Steuerreform 2008.

Es sei angemerkt, dass sich Venture-Capital-Fonds derzeit keiner solch negativen Reputation ausgesetzt sehen, wie dies bei Private-Equity-Fonds und Hedgefonds der Fall ist (siehe Kapitel 5).

3.5 Kapitalherkunft

In der Mehrzahl der Fälle existieren Fonds (Private-Equity- oder Venture-Capital-Fonds), die mit dem Geld zahlreicher Privatpersonen und privater, institutioneller Investoren in verschiedene Unternehmen, sog. Portfoliounternehmen, investieren. Private, institutionelle Geldgeber sind vor allem Pensionskassen, Banken, Versicherungen und Stiftungen.[51] Seltener wird Kapital di-

---

[51] Vgl. Hackl; Jandl: A. a. O., S. 195

rekt den Unternehmen zur Verfügung gestellt. Abbildung 7 verdeutlicht den Kapitalfluss.

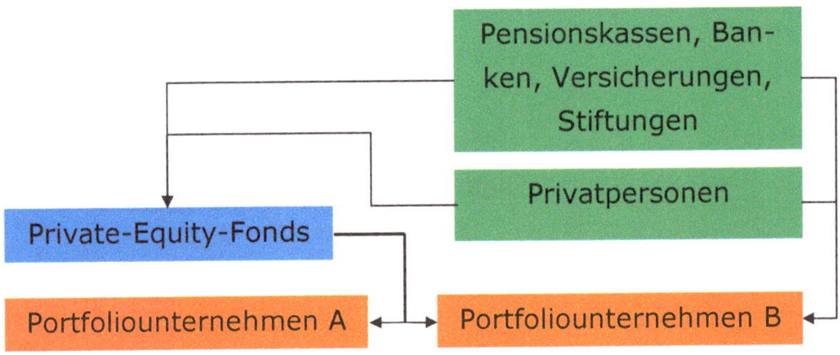

Abbildung 7 - Kapitalfluss bei Private-Equity- und Venture-Capital-Investitionen

Die Manager der Private-Equity-Fonds investieren regelmäßig auch selbst in die von ihnen gemanagten Fonds oder gründen eigene. Sie verdienen somit abhängig vom Erfolg ihrer Arbeit.[52]

Für große US-Pensionsfonds ist es schon lange üblich, einen zweistelligen Prozentsatz ihrer Gelder in Private-Equity-Fonds zu investieren. Ihre deutschen Pendants dagegen legen bislang nur rund ein Prozent der ihnen zufließenden Mittel entsprechend an.[53]

---

52 Vgl. Döhle; Papendick: Unter Heuschrecken, in: manager magazin 03/06, S. 42

53 Vgl. Bloome-Drees; Rang, S. 7 f., URL siehe Literaturverzeichnis

3.6 Investitionsvolumina

Typisch für **Venture-Capital-Fonds** ist die bloße **Beteiligung an einem Unternehmen**. Gerade aufgrund des erhöhten Risikos - Venture Capital fließt in äußerst junge Unternehmen - sind vollständige Übernahmen durch Venture-Capital-Investoren nicht zu beobachten.

Private-Equity-Fonds arbeiten häufig anders. Ihr Geschäft ist mitunter die **Übernahme**, der **Umbau** und **Wiederverkauf von kompletten Unternehmen** durch den Einsatz von Private Equity. Falls es sich um kotierte Unternehmen handelt, werden diese meist für einen gewissen Zeitraum von der Börse genommen.

4 Hedgefonds

4.1 Entstehung

Das englische Verb „to hedge" bedeutet absichern. Ein Blick auf die Entstehung von Hedgefonds verrät, was hinter dem Namen steckt. Der erste Hedgefonds wurde von einem Amerikaner namens Alfred Winslow Jones im Jahr 1949 aufgelegt. Jones verkaufte Aktien, ohne diese zuvor gekauft zu haben.[54] Diese Art des Verkaufs wird Leerverkauf genannt. Geht die damit einhergehende Spekulation auf fallende Kurse auf, können die Aktien zu einem späteren Zeitpunkt beschafft und an den Käufer mit Gewinn weitergereicht werden.

4.2 Methoden

Die Vorgehensweise von Alfred Winslow Jones zeigt nicht nur, wie bei fallenden Aktienkursen Geld verdient werden kann, sie wird auch heute noch in besonderem Maß von Hedgefonds angewandt. Die Palette der Anlagestrategien ist jedoch weitaus größer und reicht bis hin zum Einsatz von Computerprogrammen, die Trends in der Entwicklung von Aktien aufspüren und dadurch Kauf- oder Verkaufsentscheidungen herbeiführen. Ebenfalls beliebt sind der Handel mit Rohstoffen, die Investition in unterbewertete Aktien oder Unternehmen, bei denen wegen außergewöhnlicher Ereignisse (z. B. bevorstehende Übernahme, Restrukturierung, Insolvenz) Kursausschläge zu erwarten sind. Durch den Einsatz von Leerverkäufen sind Hedgefonds nicht auf steigende Kurse angewiesen. Gewinne sind immer möglich, einzige Voraussetzung ist, dass Märkte in Bewegung sind.

---

[54] Vgl. Pitzke, URL siehe Literaturverzeichnis

In jüngster Vergangenheit drängen Hedgefonds zunehmend ins Private-Equity-Geschäft, indem sie komplette Unternehmen kaufen und verkaufen. Bisweilen war der „Firmenhandel" Hoheitsgebiet der Private-Equity-Szene.[55]

4.3 Geierfonds

Als besonders aggressive Hedgefonds existieren sog. Geierfonds. Sie dringen über die Bilanz in ein Unternehmen ein. Dies geschieht durch die Übernahme von Forderungen. Dabei werden Gläubiger des Unternehmens mit großen Abschlägen auf die ursprüngliche Forderungssumme ausbezahlt, im Gegenzug geht die Forderung an den Fonds über. Damit gleichen Geierfonds zunächst Factoring-Gesellschaften, die sich das Eintreiben von Forderungen zum Geschäft gemacht haben. Ein wesentlicher Unterschied liegt jedoch im weiteren Vorgehen. Geierfonds versuchen, die erworbenen Forderungen, die für das Schuldnerunternehmen Fremdkapital darstellen, in Eigenkapital zu überführen. Gelingt dies, streben sie einen Verkauf der erworbenen Unternehmensanteile an. Schlägt der Versuch fehl, treibt man die Forderung zu einem höheren als dem Einstandspreis ein.

4.4 Hedgefonds in Deutschland

In Deutschland sind Hedgefonds seit der Einführung des Investmentgesetzes (InvG) am 01.01.2004 für Anleger zugänglich, zum öffentlichen Vertrieb sind sie jedoch generell nicht zugelassen (§ 112 Abs. 2 InvG). Sie richten sich somit in erster Linie an spezielle Hedgefonds-Anleger und werden auf dem

---

55 Vgl. Döhle; Papendick: A. a. O., S. 42

Weg des Private Placement (deutsch: Privatplatzierung) gezielt diesen Anlegern angeboten. Dementsprechend sind sie in Deutschland kaum verbreitet, ganz im Gegensatz zu den angelsächsischen Staaten. Weltweit verwalten die knapp 10.000 Hedgefonds ein Volumen von ca. 1,8 Billionen US-Dollar (Stand: Mai 2006).[56]

4.5 Hedgefonds und die Finanzaufsicht

Charakteristisch für Hedgefonds ist die Registrierung an einem sog. Offshore - Finanzplatz, wie den Cayman Islands, einer Inselgruppe in der Karibik. Dadurch ist es den Fonds möglich, im Stillen und unbehelligt von Aufsichtsbehörden zu arbeiten. Veröffentlichungspflichten sind meist nicht vorhanden, auch gibt es kaum Vorschriften oder Einschränkungen.

---

[56] Vgl. Denker, URL siehe Literaturverzeichnis

5 „Heuschrecken"

5.1 Heuschrecken in Biologie und Bibel

Heuschrecken, eine volkstümliche Bezeichnung für verschiedene Gruppen der sog. Geradflügler, sind zunächst einmal aus der Biologie bekannt. Man unterscheidet hier die Laubheuschrecken von den Feldheuschrecken. Letzterer Gruppe gehören die sog. Wanderheuschrecken an, die auf allen Kontinenten vorkommen und in unregelmäßigen Zeitabständen riesige Schwärme aus vielen Mio. Tieren bilden. Lassen sich derartige Schwärme nieder, um ebenso riesige Pflanzenmengen zu vernichten, so spricht man von einer Heuschreckenplage. Die typischen Auswirkungen sind bereits in der Bibel dokumentiert. Im zweiten Buch Mose heißt es unter der Überschrift „Die achte Plage: Heuschrecken":

> „Und am Morgen führte der Ostwind die Heuschrecken herbei. Und sie kamen über ganz Ägyptenland und ließen sich nieder überall in Ägypten, so viele, wie nie zuvor gewesen sind noch hinfort sein werden. Denn sie bedeckten den Erdboden so dicht, dass er ganz dunkel wurde. Und sie fraßen alles, was im Lande wuchs, und alle Früchte auf den Bäumen, die der Hagel übrig gelassen hatte, und ließen nichts Grünes übrig an den Bäumen und auf dem Felde in ganz Ägyptenland."

5.2 Abwandlung des Heuschrecken-Begriffs

Bereits seit einiger Zeit wird der Begriff „Heuschrecken" abwertend für Finanzinvestoren verwendet. Wie kam es zu dieser Tiermetapher?

Im Herbst 2004 forderte Franz Müntefering, SPD-Vorsitzender vom 21. März 2004 bis zum 15. November 2005, eine Aktualisierung des Grundsatzprogramms der Partei. Der daraus entstandenen Programmdebatte entsprang als erstes Zwischenergebnis ein Programmheft, das unter dem Titel „Tradition und Fortschritt. Start der Programmdebatte"[57] im Januar 2005 erschien. Hierin ist die folgende Passage zu finden:

> „Wir müssen denjenigen Unternehmern, die die Zukunftsfähigkeit ihrer Unternehmen und die Interessen ihrer Arbeitnehmer im Blick haben, helfen gegen die verantwortungslosen Heuschreckenschwärme, die im Vierteljahrestakt Erfolg messen, Substanz absaugen und Unternehmen kaputt gehen lassen, wenn sie sie abgefressen haben."[58]

Dieser Text war bereits am 22. November 2004 Bestandteil einer Rede Münteferings, die er unter dem Titel „Freiheit und Verantwortung" vor Vertretern der Friedrich-Ebert-Stiftung hielt.[59] Die Textpassage enthält zwar nicht den Ausdruck „Heuschrecken", wohl aber ist von „Heuschreckenschwärmen" die Rede. Müntefering assoziiert Finanzinvestoren also zunächst mit

---

[57] SPD (Januar 2005), S. 1, URL siehe Literaturverzeichnis

[58] ebenda, S. 18

[59] Vgl. Döbler; Frese; Kaiser, URL siehe Literaturverzeichnis

Heuschreckenschwärmen, was sicherlich daher rührt, dass er im Verhalten von Heuschreckenschwärmen und Finanzinvestoren gewisse Gemeinsamkeiten sieht.

Im April 2005 erschien ein weiteres Programmheft der SPD, diesmal mit dem Titel „Wohlstand heute und morgen. Die Programmdebatte der SPD"[60]. Auch hierin findet sich der oben zitierte Text. Eine gehobene Aufmerksamkeit der Öffentlichkeit gegenüber der Tiermetapher kann zu diesem Zeitpunkt jedoch noch nicht festgestellt werden. Dies ändert sich schlagartig als Franz Müntefering am 17. April 2005 in einem Interview mit der Bild am Sonntag sagt:

> „‚Manche Finanzinvestoren verschwenden keinen Gedanken an die Menschen, deren Arbeitsplätze sie vernichten – sie bleiben anonym, haben kein Gesicht, fallen wie Heuschreckenschwärme über Unternehmen her, grasen sie ab und ziehen weiter. Gegen diese Form von Kapitalismus kämpfen wir. '"[61]

Kurze Zeit später, am 28. April 2005 veröffentlicht stern.de eine Liste, der „nach Meinung der SPD gierigsten Kapitalisten"[62]. Dabei beruft sich die Onlineausgabe des Magazins Stern auf ein von der SPD-Bundestagsfraktion erstelltes Hintergrundpapier

---

60 SPD (April 2005), S. 1, URL siehe Literaturverzeichnis

61 O. V. (Focus Online), URL siehe Literaturverzeichnis

62 O. V. (stern.de): Die Namen der „Heuschrecken", URL siehe Literaturverzeichnis

mit dem Titel „„Marktradikalismus statt sozialer Marktwirtschaft - Wie Private-Equity-Gesellschaften Unternehmen verwerten'"[63].

Bemerkenswert in diesem Zusammenhang ist, dass laut stern.de auch Blackstone, der weltgrößte Private-Equity-Fonds auf dem Hintergrundpapier der SPD steht. Blackstone ist jener Finanzinvestor, der im April 2006 4,5% der Aktien der Deutschen Telekom von der Kreditanstalt für Wiederaufbau (KfW) gekauft hat. Sehr zur Freude von Münteferings Parteikollege und Bundesfinanzminister Peer Steinbrück, der froh ist, dass mit Blackstone ein strategischer Investor mit Interesse an einer langfristigen Wertsteigerung bei der Deutschen Telekom einsteigt.[64]

Am 21. April 2005 sprach Franz Müntefering vor dem deutschen Bundestag, er wird mit den Worten zitiert: „„Großes Geld mit kurzfristigem Profitinteresse kauft sich hier ein und beutet Unternehmen in knappen Zyklen aus. '"[65]

---

63 O. V. (stern.de): Die Namen der „Heuschrecken", URL siehe Literaturverzeichnis

64 Vgl. o. V. (tagesschau.de), URL siehe Literaturverzeichnis

65 Müller; Lieb, URL siehe Literaturverzeichnis

5.3 Reaktionen

Die Reaktionen auf Münteferings Äußerungen waren sehr zahlreich. Viel kritisiert wurde der Vergleich des Münchner Historikprofessors Michael Wolffsohn.[66] In der Rheinischen Post vom 3. Mai 2005 schreibt er:

> „60 Jahre ‚danach' werden heute wieder Menschen mit Tieren gleichgesetzt, die - das schwingt unausgesprochen mit - als ‚Plage' vernichtet, ‚ausgerottet' werden müssen. Heute nennt man diese ‚Plage' ‚Heuschrecken', damals ‚Ratten' oder ‚Judenschweine'. Worte aus dem Wörterbuch des Unmenschen, weil Menschen das Menschsein abgesprochen wird."[67]

Auch der Sachverständigenrat zur Begutachtung der gesamtwirtschaftlichen Entwicklung - bekanntestes Mitglied dürfte Bert Rürup sein - widmete sich der Diskussion. In seinem Jahresgutachten 2005/06 heißt es:

> „Die teilweise sehr undifferenziert geführten Diskussionen, im Rahmen derer Finanzinvestoren verkürzt zum Inbegriff von kurzfristig orientierten Spekulanten geworden sind und als ‚Heuschrecken' bezeichnet wurden, sind sicherlich mit auf ein mangelndes Verständnis der Strategien dieser Marktteilnehmer zurückzuführen, die in Deutschland erst in den letzten Jahren an Bedeutung gewonnen haben. ...

---

[66] Vgl. o. V. (stern.de): Kapitalismusdebatte. Schlacht der Worte, URL siehe Literaturverzeichnis

[67] Wolffsohn, URL siehe Literaturverzeichnis

Befürchtet wurde, dass kurzfristig orientierte Finanzinvestoren sich an einem Unternehmen beteiligten, die Unternehmung zerlegten und Reserven auflösten, um dann die Beteiligung wieder zu verkaufen und das Unternehmen geschwächt zurückzulassen."[68]

Selbst der damalige US-Außenminister Snow äußerte sich zur Heuschreckendebatte. Er wird mit den Worten zitiert: „,Ich denke nicht in diesen Begriffen. '"[69]

Bei der Gesellschaft für deutsche Sprache (GfdS), die jährlich das Wort des Jahres wählt, kam der Begriff „Heuschrecken" in 2005 auf den vierten Platz.[70] Bei der Börse Düsseldorf, hier wird seit dem Jahr 2000 jährlich das Börsen-Unwort des Jahres gewählt, haben es die „Heuschrecken" im selben Jahr sogar auf den ersten Platz geschafft.[71]

5.4 Heutiger Sprachgebrauch

Vor allem kurz nach den Äußerungen von Franz Müntefering gab es kaum eine Medienberichterstattung, in der Finanzinvestoren nicht als „Heuschrecken" bezeichnet wurden.[72] Im allgemeinen Sprachgebrauch durchgesetzt hat sich somit auch der Begriff „Heuschrecken", nicht „Heuschreckenschwärme". Er

---

68 Sachverständigenrat zur Begutachtung der gesamtwirtschaftlichen Entwicklung, S. 463, URL siehe Literaturverzeichnis

69 O. V. (Netzzeitung.de), URL siehe Literaturverzeichnis

70 Vgl. Gesellschaft für deutsche Sprache e. V., URL siehe Literaturverzeichnis

71 Vgl. Börse Düsseldorf AG, URL siehe Literaturverzeichnis

72 Vgl. ebenda

wird auf Private-Equity-Fonds angewandt, ebenso aber auch bei Hedgefonds und vermögenden, direkt investierenden Privatpersonen verwendet, bei denen man sehr hohe Renditeerwartungen und einen kurzfristigen Anlagehorizont vermutet. Wird ein Finanzinvestor als Heuschrecke bezeichnet, so geht man im Allgemeinen davon aus, dass er zur Maximierung des Gewinns vor nichts zurückscheut, insbesondere nicht vor dem Abbau von Arbeitsplätzen. Die öffentliche Meinung unterstellt „Heuschrecken" damit eine sehr am Geld und wenig an der Tugend orientierte Gesinnung.

An dieser Stelle sei angemerkt, dass die Trennung zwischen Private-Equity- und Hedgefonds in der Öffentlichkeit nicht präzise erfolgt, was vor allem auch daran liegt, dass sich Hedgefonds zunehmend auf Private-Equity-Terrain begeben. Der pauschale „Überbegriff" „Heuschrecken" verstärkt die Unschärfe.

Es soll an dieser Stelle ebenfalls angemerkt werden, dass die Branche der Finanzinvestoren an ihrer schlechten Reputation nicht gänzlich unschuldig ist. Jegliche Öffentlichkeitsarbeit wurde unterlassen. Zu keiner Zeit wurde aufgeklärt, weder über die in der Branche tätigen Unternehmen, noch über deren Vorgehensweisen. Auch gibt es keine Belege dafür, dass Private Equity positive volkswirtschaftliche Effekte hervorruft, wie es von den Investoren selbst immer wieder behauptet wird. Zwar liegen Untersuchungen vor, diese beziehen sich aber immer nur auf einzelne Fälle und hier existieren sowohl „gute" als auch „schlechte" Beispiele (siehe Kapitel 6.2.1 bis 6.2.4). Dass in der Öffentlichkeit die schlechten Beispiele eher Gehör finden, hätte den Finanzinvestoren bekannt sein müssen.

5.5 „Inspiration"

Immer wieder ist zu lesen, dass es vor allem die Texas Pacific Group (TPG), eine amerikanische Gesellschaft mit Büros in San Francisco, Washington, New York und Fort Worth und einer Europa-Dependance in London war, die Müntefering zu dem Vergleich veranlasst hat.[73] Der vermeintliche Hintergrund ist der Einstieg eines von der TPG aufgelegten Private-Equity-Fonds beim Sanitärhersteller Grohe. Das Unternehmen betreibt einen Standort in Hemer, im Sauerland - die Stadt gehört zu Münteferings Wahlkreis. Die TPG sorgte hier mit der Streichung von 1200 der 4300 deutschen Arbeitsplätze für Furore und wird seither auch gerne als „Oberheuschrecke" [74] bezeichnet.

5.6 Eine Kehrtwende?

Am 19. November 2006 widmet sich die Onlineausgabe des Handelsblatts dem „Heuschrecken-Thema". Unter der Überschrift „SPD rückt von ‚Heuschrecken'-Kritik ab"[75] schreibt sie: „Die SPD distanziert sich von ihrer massiven Kritik an den Aktivitäten von Finanzinvestoren: In einem Impulspapier der Parteispitze zur Wirtschaftspolitik, das dem Handelsblatt vorliegt, heißt es: ‚Zu einem leistungsfähigen Finanzstandort gehört eine aktive Private-Equity-Branche'."[76] Sogar Parteilinke wie Heiko Maas und Andrea Nahles haben an dem Papier mitgewirkt.[77]

---

[73] Vgl. Döhle; Papendick: A. a. O., S. 44

[74] ebenda

[75] O. V. (Handelsblatt.com), URL siehe Literaturverzeichnis

[76] ebenda

[77] Vgl. Beck, u. a., S. 1, URL siehe Literaturverzeichnis

Wird hiermit nun eine Kehrtwende vollzogen? Sind „Heuschrecken" nun plötzlich willkommen? Der Beantwortung dieser Fragen hilfreich ist ein Blick in das deutsche Körperschaftssteuergesetz (KStG). In § 8b ist die vom damaligen Bundeskanzler Gerhard Schröder propagierte „Freistellung der ‚Gewinne aus der Veräußerung inländischer Kapitalbeteiligungen im betrieblichen Bereich'"[78] geregelt. Das Gesetz trat am 1.01.2002 in Kraft und hat zur Folge, dass die Gewinne aus der Veräußerung von Anteilen an Kapitalgesellschaften durch Kapitalgesellschaften ab dem Jahr 2002 nicht mehr der Besteuerung unterliegen. Der maßgebliche Steuersatz lag zuvor bei 53%. Das Bundesfinanzministerium stellt dazu in seiner Steuerbroschüre vom Juli 2001 fest: „‚Die systematisch zwingende Steuerbefreiung der Veräußerungsgewinne verschafft der Wirtschaft die notwendige Flexibilität für eine Optimierung der Beteiligungsstrukturen. '"[79] Die Regierung Schröder entpuppt sich damit geradezu als „Heuschrecken-Liebhaber", sodass zunächst von einer Kehrtwende nicht die Rede sein kann. Die Steuerfreiheit für Veräußerungsgewinne zeigt, dass Finanzinvestoren stets willkommen waren. Vielmehr wird deutlich, dass die Äußerungen von Franz Müntefering nicht so recht zur Politik „seiner" SPD passten.

Eine Kehrtwende wird mit dem Impulspapier aber dennoch vollzogen - zumindest ein Stück weit. So heißt es:

> „Wir werden .. vernünftige Rahmenbedingungen für die deutsche Private-Equity-Branche auf den Weg bringen. Wir werden zudem die Wettbewerbsfähigkeit bereits regulier-

---

[78] Müller; Lieb, URL siehe Literaturverzeichnis

[79] Schröder, S. 3, URL siehe Literaturverzeichnis

ter deutscher Hedge Fonds verbessern. Allerdings werden wir sehr darauf achten, dass Hedge Fonds auf den Märkten nicht nur spekulative Strategien verfolgen, sondern ihre Kontrollfunktion wahrnehmen. Wir werden prüfen, ob zur Verpflichtung von Private-Equity-Unternehmen und Hedge Fonds auf die Prinzipien der Sozialen Marktwirtschaft weitere Regulierungen erforderlich sind."[80]

Es ist also damit zu rechnen, dass in naher Zukunft Regularien in Bezug auf Private-Equity- und Hedgefonds geschaffen werden.

---

[80] Beck, u. a., S. 14, URL siehe Literaturverzeichnis

6 Entwicklungen

Der Bereich mezzaniner Finanzierungen unterliegt ständigen Veränderungen. In den letzten Jahren haben sich vor allem die drei nachfolgend aufgeführten Entwicklungen abgezeichnet.

6.1 Von der bankorientierten zur kapitalmarktorientierten Finanzierung

In der Vergangenheit haben deutsche Unternehmen bei der Kapitalbeschaffung verstärkt auf Bankkredite zurückgegriffen. Dieser Trend herrschte vor allem bei kleinen und mittelgroßen Unternehmen vor, da ihr Zugang zum Public-Equity-Markt beschränkt ist.

Basel II, die neue Eigenkapitalvereinbarung für Finanzdienstleistungsinstitute ist dabei, diese enge „Hausbankbeziehung" aufzubrechen. Sie zwingt die Kreditinstitute, jeden Kredit nach seinem individuellen Risiko einzuschätzen und hat zur Folge, dass Bankkredite mit hohem Risiko künftig nur noch an Unternehmen mit erstklassiger Bonität vergeben werden. Außerdem hat das Risiko eines Kredits zunehmend Einfluss auf seinen „Preis".

Es ist daher zu erwarten, dass die Bedeutung von Banken und Sparkassen im Rahmen der Außenfinanzierung zurück gehen wird, wobei anzumerken ist, dass die Kreditinstitute bemüht sind, dieser Entwicklung entgegen zu wirken, zum Beispiel durch die Auflage von Mezzanine-Fonds.

Dementsprechend gilt: „Mezzanine boomt."[81] Knapp, aber treffsicher schildert Markus Guthoff die Entwicklung im Bereich mezzaniner Finanzierungen. Gerade Basel II trägt seiner Meinung nach entscheidend dazu bei, dass vor allem kleine und mittelgroße Unternehmen immer stärker auf mezzanines anstatt auf Fremdkapital zurückgreifen.[82] Auch die passenden Zahlen kann Guthoff, Mitglied des Vorstands der IKB Deutsche Industriebank AG, liefern: Im März 2007 berichtet er, dass kleine und mittelgroße Unternehmen seit Mitte 2004 3,5 Mrd. Euro im Rahmen standardisierter Genussscheinprogramme aufgenommen haben.[83] Der Ablauf eines solchen Programms ist einfach: Privatpersonen und private, institutionelle Anleger zahlen Gelder in einen Fonds ein, dieser erwirbt Genussscheine von emittierenden Unternehmen. Eine Auswertung der Jahresabschlüsse von IKB-Kunden ergab entsprechend: Zwischen 2002 und 2005 hat sich der Anteil an mezzaninem Kapital in den Bilanzen der untersuchten Unternehmen verdoppelt, von 0,8% auf 1,6%.[84] Damit einher geht eine Verbesserung der Eigenkapitalquote von im Durchschnitt 32,4% auf nunmehr 36,3%.[85] Es ist davon auszugehen, dass dieser Trend weiter anhalten wird.

---

[81] Häger; Elkemann-Reusch, S. 5

[82] Vgl. ebenda, S. 5 f.

[83] Vgl. ebenda, S. 5

[84] Vgl. ebenda

[85] Vgl. ebenda, S. 5 f.

6.2 Leveraged Buyouts

Dass Finanzinvestoren nicht nur Kapital zur Verfügung stellen, sondern zunehmend auch Unternehmen komplett übernehmen, wurde bereits erläutert. Den Investoren geht es dabei mehr und mehr darum, sich mit möglichst geringem Eigenkapitaleinsatz größtmöglichen Einfluss auf das zu übernehmende Unternehmen zu verschaffen. Daher wird versucht, möglichst viel Fremdkapital am Kredit- und Kapitalmarkt aufzunehmen.

Einzige Beschränkung bei der Fremdkapitalaufnahme ist aus Sicht des Investors der zu erwartende Cashflow des zu übernehmenden Unternehmens, er muss ausreichen, um den Kapitaldienst zu bestreiten. Der Investor wird daher während seines Engagements im Portfoliounternehmen sein Hauptaugenmerk auf die Steigerung des Cashflows richten. Beliebte Maßnahmen hierzu sind unter anderem:

- Umsatzsteigerung durch
    - Erschließung neuer Absatzmärkte, vorwiegend im Ausland
- Kostensenkung durch
    - Konzentration auf Kerngeschäfte und Abspaltung anderer Sparten
    - Reduktion der Personalkosten
    - Auflösung stiller Reserven

Seit Mitte der 80er Jahre des letzten Jahrhunderts werden Unternehmensübernahmen zunehmend im Zug von sog. Leveraged Buyouts praktiziert.[86] Dabei finanzieren die Übernehmer den Kaufpreis in hohem Maß mit Fremdkapital, welches nach der Übernahme in die Bilanz des Portfoliounternehmens übernommen wird.

Nach einem kurzen Exkurs soll an einigen Beispielen verdeutlicht werden, wie Leveraged Buyouts in der Praxis gehandhabt werden und wie dabei mezzanine Instrumente zum Einsatz kommen.

Exkurs: Der Leverage-Effekt

Die folgenden Überlegungen machen deutlich, warum der Investor zur Erreichung einer möglichst hohen Rendite möglichst viel Fremdkapital aufnimmt.

Unter bestimmten Voraussetzungen führt die Aufnahme von zusätzlichem Fremdkapital zu einer Steigerung der Eigenkapitalrendite. Sofern der Fremdkapitalzins vom Verschuldungsgrad unabhängig ist, nimmt die Eigenkapitalrendite mit steigender Verschuldung zu, solange die Gesamtkapitalrendite des Unternehmens größer ist als der für das Fremdkapital zu zahlende Zinssatz. Dieser Effekt wird als Leverage-Effekt oder Leverage-Chance bezeichnet. Ein einfaches Zahlenbeispiel: Das im Unternehmen eingesetzte Kapital rentiert sich mit 10% pro Jahr, für den

---

[86] Vgl. Kußmaul, u. a., URL siehe Literaturverzeichnis

90%igen Fremdkapitalanteil sind aber nur 5% Zinsen zu zahlen.

Der Effekt wirkt allerdings auch in umgekehrter Richtung: Die Eigenkapitalrendite sinkt mit steigender Verschuldung, wenn die Gesamtkapitalrendite des Unternehmens kleiner ist als der für das Fremdkapital zu zahlende Zinssatz.

Solange die Fremdkapitalzinsen ausreichend niedrig sind, wird der Investor dem Portfoliounternehmen folglich genau jenes Maß an Fremdkapital zuzuordnen versuchen, das aus dem Cashflow des Unternehmens während der Dauer der Beteiligung voraussichtlich bedient werden kann.

6.2.1 Cognis

Erstes Beispiel soll die Cognis GmbH sein. Ende 2001 kauften die Finanzinvestoren Permira, Goldmann Sachs und Schroders die ehemalige Spezialchemie-Tochter der Henkel KGaA für 2,5 Mrd. Euro.[87] Die Übernahme wurde nur zu einem kleinen Teil mit Eigenkapital (500 Mio. Euro) finanziert, den Restbetrag musste Cognis als Fremdkapital in seine Bilanz aufnehmen.[88] Dem Jahresabschluss der Henkel KGaA von 2001 ist zu entnehmen, dass den Käufern zudem ein 325 Mio. Euro teures Verkäuferdarlehen zur Verfügung gestellt wurde.[89]

---

87 Vgl. o. V. (Spiegel Online), URL siehe Literaturverzeichnis

88 Vgl. ebenda

89 Vgl. Henkel KGaA, S. 8, URL siehe Literaturverzeichnis

2004 löste Cognis mit Hilfe zusätzlicher Bankschulden das Verkäuferdarlehen des Vorbesitzers Henkel ab, gleichzeitig wurden 320 Mio. Euro Eigenkapital an die Gesellschafter ausgezahlt.[90] Die zwischenzeitlich gesunkene Nettoverschuldung des Konzerns stieg im Rahmen dieser Transaktion von 1,3 auf knapp 1,6 Milliarden Euro, durch eine weitere Transaktion entstand sogar ein negatives Eigenkapital.[91]

In 2005 begab Cognis eine Anleihe, die Erlöse hieraus flossen erneut an die Eigentümer.[92] Die Ratingagentur Standard & Poor's (S&P) stufte daraufhin das langfristige Kreditrating der Cognis GmbH herab.[93]

Mit den Schulden stieg auch der Kapitaldienst, was dazu führte, dass Cognis im Jahr 2004 einen Verlust von 34 Mio. Euro auswies.[94] Die Belegschaft wurde im gleichen Jahr um fünf Prozent (500 Stellen) reduziert.[95] Geplant ist ein Exit via Börsengang.[96]

---

90 Vgl. o. V. (FAZ.NET), URL siehe Literaturverzeichnis

91 Vgl. ebenda

92 Vgl. o. V. (Welt Online), URL siehe Literaturverzeichnis

93 Vgl. ebenda

94 Vgl. Bloome-Drees; Rang, S. 29 f., URL siehe Literaturverzeichnis

95 Vgl. ebenda, S. 30

96 Vgl. ebenda

6.2.2 Grohe

Die Friedrich Grohe AG, ein Sanitärhersteller, wurde 1999 an den britischen Private-Equity-Fonds BC Partners verkauft.[97] Der Kaufpreis betrug 900 Mio. Euro.[98] Die Finanzierung erfolgte zu zwei Dritteln durch die Aufnahme von Bankkrediten, die durch Aktiva des erworbenen Unternehmens besichert wurden.[99] Außerdem steuerte Grohe selbst Kapital durch die Begebung von Anleihen bei.[100] Etwa ein Drittel des Kaufpreises wurde von den Finanzinvestoren aus Eigenmitteln zur Verfügung gestellt.[101]

Besonders der große freie Anteil am Cashflow dürfte aus Sicht von BC Partners für Grohe gesprochen haben. Hierzu lässt sich festhalten, dass die Friedrich Grohe AG zwischen 1994 und 1998 nicht nur sämtliche Investitionen im Anlagevermögen aus dem Cashflow finanzieren konnte, sondern dass darüber hinaus ein erheblicher Cashflow verblieb.[102]

---

97 Vgl. Bloome-Drees; Rang, S.34 ff., URL siehe Literaturverzeichnis

98 Vgl. ebenda

99 Vgl. ebenda

100 Vgl. ebenda

101 Vgl. ebenda

102 Vgl. ebenda

Jahr	1997	1998	1999	2000
Eigenkapital (€)	276.602	291.434	249.869	-11.817
Gesamtkapital (€)	554.324	575.114	563.569	563.808
Jahresüberschuss (€)	43.789	50.357	54.993	98.841
Cashflow (€)	73.469	85.708	92.211	139.162

Abbildung 8 - Zahlen des Grohe-Konzerns (Quelle: Bloome-Drees; Rang, S. 35, URL siehe Literaturverzeichnis)

Abbildung 8 zeigt ein gemischtes Bild. Einerseits ist festzustellen, dass BC Partners den Cashflow weiter steigern konnte, gleichzeitig wurde der Friedrich Grohe AG aber schlagartig ihr komplettes Eigenkapital entnommen.

Im Mai 2004 reichte BC Partners Grohe im Rahmen eines Secondary Sale (auch: Trade Sale) an den Finanzinvestor Texas Pacific Group und die Investmentbank Credit Swiss First Boston (CSFB) weiter.[103] Die neuen Anteilseigner sollen für Grohe zwischen 1,5 und 1,8 Mrd. Euro bezahlt haben, der Unternehmenswert ist während des Engagements von BC Partners also deutlich gestiegen, allerdings fast ausschließlich durch die Aufnahme von Fremdkapital. Nach der Übernahme stellten die neuen Eigentümer fest, dass Grohe über keinerlei stille Reserven mehr verfügte.[104] BC Partners hatte dem Unternehmen also nicht nur das Eigenkapital entnommen, sondern auch die in der Bilanz nicht ausgewiesenen Vermögenswerte liquidiert.

---

103 Vgl. Bloome-Drees; Rang, S. 34 ff., URL siehe Literaturverzeichnis

104 Vgl. ebenda

Von den neuen Investoren beauftragte Berater empfahlen ein Programm zur jährlichen Einsparung von 150 Mio. Euro.[105] Der Grund: Mit der zunehmenden Fremdkapitalausstattung stieg auch der Kapitaldienst, den das Unternehmen zu bedienen hatte. Hierzu war es nötig, den Cashflow zu steigern. Dem Programm fielen 2.700 Stellen zum Opfer.[106]

6.2.3 Wincor Nixdorf

Wincor Nixdorf stellt Geldausgabe- und Kassensysteme für den Handel und den Finanzdienstleistungssektor her. Das Unternehmen ist in 90 Ländern vertreten. Bis 1999 war es eine Sparte des Siemens-Konzerns, in diesem Jahr fand die Veräußerung an die amerikanischen Investoren Kohlberg Kravis Roberts (KKR) und Goldman Sachs statt. Ein Drittel des Kaufpreises von 1,44 Mrd. DM bezahlten die Investoren aus ihren Fonds, zwei Drittel aus Bankkrediten, die Wincor Nixdorf übernehmen musste.[107]

Seit dem Erwerb durch die Investoren hat das Unternehmen 3.200 Beschäftigte eingestellt, davon allein 1.000 in Deutschland.[108] 2004 brachte KKR das Unternehmen erfolgreich an die Börse, seit September 2004 notiert der Konzern im MDAX.

---

105 Vgl. Bloome-Drees; Rang, S. 34 ff., URL siehe Literaturverzeichnis

106 Vgl. ebenda

107 Kamp; Krieger, S. 42, URL siehe Literaturverzeichnis

108 Vgl. ebenda

Der Vorstandsvorsitzende Karl Stiller betont, dass sich der Investor niemals in das Tagesgeschäft eingemischt habe, die Verschuldung sei zwar hoch, aber tragbar gewesen, die Expansion des Unternehmens nicht behindert worden.[109] In den ersten vier Jahren sei kein Geld aus dem Unternehmen entnommen worden.[110]

Die Eigenkapitalquote von Wincor Nixdorf lag nach der Übernahme durch die beiden Investoren noch bei 18%, die Verschuldung war auf 516 Mio. Euro gewachsen.[111] Diese betrug jedoch im Mai 2005 nur noch 180 Mio. Euro und konnte in kurzer Zeit auf 150 Mio. Euro verringert werden.[112]

6.2.4 MTU Aero Engines

Ende 2003 verkaufte der damalige DaimlerChrysler-Konzern den Zulieferer für Flugzeugtriebwerke MTU Aero Engines für 1,052 Mrd. Dollar an die große amerikanische Beteiligungsgesellschaft KKR.[113] Unter den Kreditgebern der Finanzierung war auch die DaimlerChrysler AG mit einem Verkäuferdarlehen über 175 Mio. Euro.[114] Das Unternehmen, bisher in der Rechtsform einer GmbH geführt, wurde in eine AG umgewandelt und im Juni 2005, also bereits anderthalb Jahre nach dem Erwerb durch

---

109 Vgl. Kamp; Krieger, S. 42, URL siehe Literaturverzeichnis

110 Vgl. ebenda

111 Vgl. ebenda

112 Vgl. ebenda

113 Vgl. DaimlerChrysler AG, Seite 122, URL siehe Literaturverzeichnis

114 Vgl. ebenda

KKR, an die Börse gebracht. Der KKR-Anteil an MTU sank im Zug dieser Transaktion von 92 auf 29,3%.[115]

Vor dem Börsengang erklärte KKR, dass ein großer Teil des Erlöses dem Unternehmen zufließen werde, die Deutsche Schutzgemeinschaft für Wertpapierbesitz (DSW) kritisierte demgegenüber, dass der größte Teil der Einnahmen aus dem Börsengang an die Beteiligungsunternehmen abfloss und MTU nicht für Investitionen zur Verfügung stand.[116]

Der Cashflow von MTU wurde konsequent genutzt, um Bankschulden zu tilgen, innerhalb von 15 Monaten verringerten sich diese um 330 Mio. auf 55 Mio. Euro.[117] Ein Cashflow in dieser Höhe konnte jedoch nur erzielt werden durch den Abbau von rund 1.000 Arbeitsplätzen seit 2003.[118]

6.3 Minderheitsbeteiligungen an börsennotierten Unternehmen

„Seit die Finanzakrobaten im Börsencrash der Jahrtausendwende gezeigt haben, dass sie auch bei fallenden Kursen gutes Geld verdienen können, fließt ihnen immer mehr Kapital zu."[119] Wurde das Kapital der Hedgefonds Anfang der 90er Jahre noch weltweit auf rund 40 Mrd. US-Dollar geschätzt, so herrschten

---

115 Vgl. Kamp; Krieger, S. 41, URL siehe Literaturverzeichnis

116 Vgl. ebenda

117 Vgl. ebenda

118 Vgl. ebenda

119 Döhle; Papendick: A. a. O., S. 40

sie Anfang 2006 bereits über eine Billion US-Dollar.[120] Die Private-Equity-Zunft wird zum gleichen Zeitpunkt auf 1,3 Billionen geschätzt.[121]

Trotz des enormen Mittelzuflusses sind Hedge- und Private-Equity-Fonds nicht in der Lage, ein jedes Unternehmen komplett zu übernehmen. Vor allem bei sog. Blue Chips, den größten Unternehmen eines jeweiligen Landes, sind ihnen Grenzen gesetzt. Mitunter bergen aber auch solche Unternehmen große Renditechancen. Im Trend liegt daher die bloße Beteiligung an großen, börsennotierten Unternehmen.

So geschehen zum Beispiel im Fall Deutsche Börse. Ex-Börsenchef Werner Seifert beschreibt in seinem Buch „Invasion der Heuschrecken"[122], wie Hedgefonds nach und nach immer mehr Aktien der Deutschen Börse kauften, sie aber nie ganz übernahmen. Im Februar 2005, so Seifert, verteilten sich 16% der Aktien der Deutschen Börse gleichermaßen auf die Hedgefonds TCI (The Children's Investment Fund) und Atticus.[123] Zusammen mit weiteren Fonds wuchs der Anteil binnen weniger Tage auf etwa 30%.[124]

Typisch für Fälle, in denen ein Hedgefonds alleine das Geld für eine Mehrheitsbeteiligung nicht aufbringen kann, ist, dass es zu Nachahmungstätern kommt: Ein Hedgefonds hängt sich an den

---

120 Vgl. Döhle; Papendick: A. a. O., S. 40

121 Vgl. ebenda

122 Seifert; Voth, S. 3

123 Vgl. ebenda, S. 21 ff.

124 Vgl. ebenda

nächsten, es kann ein regelrechter Herdentrieb beobachtet werden. Werner Seifert geht einen Schritt weiter, er wirft den Fonds ein sog. Acting in Concert vor: „Wenn die sich mal nicht abgesprochen hatten! Das alles roch förmlich nach einer konzertierten Aktion."[125] Bis heute ist nicht bewiesen, dass es dieses konzertierte Verhalten wirklich gab. In jedem Fall haben es die Investoren durch ihre gleich lautenden Forderungen geschafft, Seifert und Aufsichtsratschef Breuer aus dem Amt zu drängen, gleichzeitig konnte die geplante Fusion mit der London Stock Exchange (LSE) verhindert werden.

Acting in Concert ist in Deutschland nach dem Wertpapiererwerbs- und Übernahmegesetz (WpÜG) nicht erlaubt. Man bezeichnet damit ein koordiniertes Vorgehen von Anteilseigern mit Beteiligungsquoten von zusammen mehr als 30%, die über die bloße Kapitalbeteiligung hinaus gemeinsam entscheidenden Einfluss auf das Unternehmen ausüben. Erfolgt ein Acting in Concert, sind die Anteilseigner verpflichtet, den übrigen Aktionären ein Übernahmeangebot für ihre Anteile zu machen (§ 35 WpÜG).

Lässt sich Acting in Concert nachweisen, kann die Bundesanstalt für Finanzdienstleistungsaufsicht (BaFin) die Investoren zu diesem Angebot auch noch nachträglich zwingen. Kommen die Beteiligten dieser Aufforderung nicht nach, kann die Aufsichtsbehörde deren Stimmrechte sperren oder sogar deren Aktien pfänden.

---

[125] Seifert; Voth, S. 23

Der Deutschen Telekom könnte ein ähnliches Szenario wie der deutschen Börse drohen. Hier hält der Private-Equity-Fonds Blackstone, der Anfang 2006 12,5 Mrd. US-Dollar verwaltete, 4,5% der Aktien.

Auch bei TUI kündigt sich Ähnliches an. Ein reicher privater Investor namens Guy Wyser-Pratte hält ein Prozent der Aktien und fordert sogleich die Absetzung von TUI-Chef Frenzel.[126] Wyser-Pratte, den das manager magazin als „Raider"[127] (deutsch: Angreifer, Gangster, Plünderer, Räuber) bezeichnet, ist in Deutschland unter anderem bekannt aufgrund seiner Beteiligungen an Mannesmann, Rheinmetall, Mobilcom, der Deutschen Börse und Vossloh.

Von einer Systematisierung kann hier insoweit gesprochen werden, als dass es immer öfter zu Minderheitsbeteiligungen kommt. Den Investoren genügen dabei mitunter geringe Anteile, um lautstark ihre Forderungen zu verkünden.

Eine Studie der Wolff & Häcker Finanzconsulting AG aus Ostfildern bei Stuttgart, die dem Autor vorliegt, zeigt im November 2005: 86,5% der 160 DAX-, MDAX-, SDAX- und TecDAX-Unternehmen geben an, dass Hedgefonds zu ihren Aktionären zählen.

---

126 Vgl. o. V.: US-Milliardär will TUI-Chef absetzen, in: DIE WELT, 29. September 2007, S. 11

127 Döhle; Papendick: A. a. O., S. 50

Exkurs: Der „Ausverkauf“ der „Deutschland AG“

Abbildung 9 - Kapitalverflechtungen in Deutschland 2004
(Quelle: Max-Planck-Institut, URL siehe Literaturverzeichnis)

Die „Deutschland AG“ ist ein Netz aus Kapitalverflechtungen zwischen den größten deutschen Unternehmen. Ihr „Ausverkauf“ beschreibt die Auflösung dieses Netzwerks, den systematischen Verkauf wechselseitiger Unternehmensbeteiligungen. Abbildung 9 zeigt die „Deutschland AG“ im Jahr 2004.

Parallel zu den wechselseitigen Kapitalverflechtungen gab es auch eine „Managerverflechtung“: Des einen Unternehmens Vorstände saßen in des anderen Unternehmens Aufsichtsrat und umgekehrt. Daher die Bezeichnung Manager-Kapitalismus (auch: Rheinischer Kapitalismus).

Die bereits erwähnte Reform des Körperschaftssteuergesetzes läutete das Ende der Deutschland AG ein. Die Steuerfreiheit auf Veräußerungsgewinne machte es lukrativ, Beteiligungen zu verkaufen. Die Folge: Die Zahl der in Streubesitz befindlichen Aktien stieg stark an. Finanzinvestoren haben es seither leichter, Beteiligungen zu erwerben und Einfluss zu nehmen, wovon häufig Gebrauch gemacht wird. Der Manager-Kapitalismus ist somit dem Investoren-Kapitalismus gewichen.

7 Nutzen und Schaden

Bei der Diskussion des Nutzens und Schadens stellt sich unmittelbar die Frage der Betrachtungsperspektive. Denkbar ist ein Blick aus Sicht des Portfoliounternehmens, seiner Mitarbeiter, des Finanzinvestors oder gar der Volkswirtschaft. Die unterschiedlichen Perspektiven sollen im Folgenden nicht losgelöst voneinander betrachtet, sondern vielmehr miteinander in Verbindung gebracht werden. Außerdem sollen Chancen und Risiken durch Finanzinvestoren aufgezeigt werden.

7.1 Nutzen und Schaden aus Investorensicht

Der Finanzinvestor wird immer bemüht sein, sein eingesetztes Geld zu vermehren. Darin unterscheidet er sich weder vom klassischen Unternehmer noch vom klassischen Fremdkapitalgeber. Die Frage, die sich im Einzelfall stellt, ist vielmehr, wie sehr der Finanzinvestor die Gewinnmaximierung verfolgt und was er bereit ist, dafür zu tun. Mit anderen Worten: Dass für den Investor das Geld an erster Stelle steht, ist unstrittig und auch gerechtfertigt. Ob er nun für das Portfoliounternehmen und die Volkswirtschaft im konkreten Fall eher Nutzen oder eher Schaden stiftet, hängt sehr stark davon ab, wie weit seine Tugend (Tugend im Sinn von Verantwortung für das Portfoliounternehmen und die Volkswirtschaft) hinter seinem Gewinninteresse zurücksteht.

7.2 Nutzen für Portfoliounternehmen und Volkswirtschaft

Kleine bis mittelgroße Unternehmen erhalten durch Finanzinvestoren fehlendes Kapital. Basel II erschwert kleinen und mittelgroßen Unternehmen in Deutschland die Mittelbeschaffung oder verteuert sie. Die Fälle, in denen die Hausbank die Kreditvergabe aufgrund mangelnder Bonität verweigert, werden zunehmen, vielfach werden Kredite zu teuer. Beteiligungskapital ist somit oft die einzige Möglichkeit zur Kapitalbeschaffung.

Die Kapitalbeschaffung dient dem Wachstum eines Unternehmens, es wird durch sie am Leben erhalten. Wachstum dient auch dem Schutz vor Übernahmen, die nicht selten aus dem Ausland erfolgen. Die mit neuem Kapital getätigten Investitionen verstärken die Nachfrage und schaffen somit Arbeitsplätze. Vielfach wird auch in Forschung und Entwicklung investiert, sodass die Innovationskraft in Deutschland gestärkt wird. Alles in allem tragen Finanzinvestoren also zu einem starken und wachsenden Standort Deutschland bei.

Allerdings ist nicht jedes Unternehmen in der Lage, aus eigener Kraft heraus zu wachsen. In vielen Fällen ist zunächst eine Sanierung erforderlich, Unternehmen müssen neu aufgestellt werden. Private-Equity-Fonds nehmen oft dort das Zepter in die Hand, wo deutsche Unternehmer sich schwer tun. Mit einschneidenden Rationalisierungsprogrammen und harten Sparkursen bringen sie Unternehmen wieder auf Kurs und machen sie wettbewerbsfähig. Bei derartigen Sanierungen gehen regelmäßig Arbeitsplätze verloren, es werden Standorte geschlossen oder ins Ausland verlagert. Die Kosten für die Arbeitslosigkeit trägt die Allgemeinheit. Zwei Dinge sind hier allerdings zu beachten. Zum einen kann man den Arbeitsplatzabbau nicht pauschal den Investoren anlasten. Niemand weiß, ob die Mitarbeiter, wäre das Unternehmen in der Hand der bisherigen Eigentümer geblieben, vom Abbau ihrer Arbeitsplätze verschont worden wären. Zum anderen sind „sanierte" Unternehmen in der Regel wettbewerbsfähiger, die verbleibenden Arbeitsplätze sind sicherer, was einen positiven Effekt für die Volkswirtschaft darstellt. Ohne eine Sanierung wäre vielleicht das ganze Unternehmen zugrunde und alle Arbeitsplätze verloren gegangen, was weitaus größere Kosten für die Allgemeinheit verursacht hätte. Ein saniertes Unternehmen kann aufgrund seiner Wettbewerbsfähigkeit wachsen, das Wachstum schafft neue Stellen, was wiederum positiv für die Volkwirtschaft ist.

Die Vertreter der obigen Position betonen oft, dass die Investoren meist Unternehmen kaufen und wettbewerbsfähig machen, die sich in ernsthaften Krisen befinden. Die Investoren sind demnach „die letzte Hoffnung" für Betriebe, die ansonsten nicht überleben würden. Ein Beispiel ist das Fernseh- und Filmhandelsunternehmen ProSiebenSat.1. Es war überschuldet und stand kurz vor der Zerschlagung.[128] Der Investor, Haim Saban, übernahm das Unternehmen zusammen mit sechs weiteren Investoren und machte es wieder wettbewerbsfähig.

Der Bundesverband Deutscher Kapitalbeteiligungsgesellschaften e. V. sieht Private-Equity-Fonds ganz klar als „Arbeitsplatzschaffer": Ihm zufolge erhöhen mit Private Equity finanzierte Unternehmen ihre Beschäftigtenzahl um fünf bis 15% pro

---

[128] Vgl. Simon, URL siehe Literaturverzeichnis

Jahr.[129] Ein sehr passendes Beispiel hierfür ist Wincor Nixdorf. Die Verschuldung nach der Übernahme war zwar hoch, es wurde jedoch kein Geld aus dem Unternehmen entnommen, stattdessen konnten neue Stellen geschaffen werden.

Befinden sich Unternehmen also erst einmal im Besitz von Finanzinvestoren und ist eine eventuelle Sanierung erfolgt, so wachsen sie schneller und schaffen mehr Arbeitsplätze. Gerade durch ihre Distanz zum Unternehmen erkennen und nutzen Finanzinvestoren mögliche Zukunftschancen schneller und konsequenter.

Eine Untersuchung des Fachblatts Finance und der Deutschen Beteiligungs AG geht ebenfalls in diese Richtung: Der Studie zufolge wachsen Unternehmen im Besitz von Private-Equity-Fonds etwa doppelt so schnell wie allein stehende Wettbewerber.[130]

Zu den klaren Befürwortern von Private Equity zählt auch Jörg Blumentritt, Geschäftsführer der WGZ Initiativkapital. Er wird mit den Worten zitiert:

> „Zahlreiche empirische Studien belegen, dass das Unternehmenswachstum durch eine Eigenkapitalfinanzierung beschleunigt wird und dass dadurch Umsätze und Ergebnisse nachhaltig gesteigert werden, was sich dann auch positiv auf die Mitarbeiterzahl und das Einkommen der

---

129 Vgl. Kamp; Krieger, S.55, URL siehe Literaturverzeichnis

130 Vgl. ebenda, S. 53

Mitarbeiter auswirkt. Das ist auch ein Beitrag zur Sicherung des Standorts Deutschland. '"[131]

Zahlreiche weitere Beispiele zeigen, wie es gelungen ist, in zerklüfteten Branchen Wettbewerber zusammenzuschmieden, die dann mitunter zu Marktführern aufstiegen. Private-Equity-Fonds können sich auf mehrere Beispiele berufen: An dieser Stelle sei das Augenoptikgeschäft von Carl Zeiss Jena genannt. Ein nordeuropäischer Fonds brachte Kapital ein und kaufte gemeinsam mit Carl Zeiss den amerikanischen Brillenglashersteller Sola. Das neue Unternehmen ist heute an der Weltspitze platziert.[132]

7.3 Schaden für Portfoliounternehmen und Volkswirtschaft

Als Gegenleistung für eine Sanierung beanspruchen die Investoren die Wertsteigerung des Unternehmens, die sie im Rahmen eines Weiterverkaufs realisieren. Vielfach werden Unternehmen aber auch ausgezehrt und stark verschuldet zurück gelassen. So entstand bei Cognis und Grohe zeitweise ein negatives Eigenkapital, bei letzterem Unternehmen wurden sogar die stillen Reserven „geplündert". Da die Mehrzahl der Finanzinvestoren mit ausländischen Geldern arbeitet, führt dies zu einem Abfluss von Kapital aus Deutschland und somit zu einem Schaden für die hiesige Volkswirtschaft.

---

131 Brockmann; Hommel: Jenseits des Kredits, in: Bankpraxis + Geschäftspolitik, S. 21

132 Vgl. Kamp; Krieger, S. 25, URL siehe Literaturverzeichnis

Für das Unternehmen haben gerade Leveraged Buyouts negative Konsequenzen: Einerseits wird der Cashflow meist fast vollständig benötigt um den Kapitaldienst zu leisten. Vielfach stehen kaum noch flüssige Mittel zu Investitionszwecken zur Verfügung. Ein geringer Cashflow erhöht zudem das Risiko der Insolvenz, was wiederum eine Gefährdung von Arbeitsplätzen darstellt. Geht die knapp kalkulierte Rechnung des Investors einmal nicht auf, d. h. reicht der Cashflow nicht aus, um den Kapitaldienst zu leisten, droht die Insolvenz, die meistens mit dem Abbau von zahlreichen Arbeitsplätzen einhergeht. Zur Steigerung des Cashflows werden häufig Arbeitsplätze abgebaut (siehe Cognis, Grohe und MTU Aero Engines), im Fall Cognis entstand trotz dieser Maßnahme ein Verlust. Wie bei Cognis ebenfalls zu sehen, verschlechtert sich das Rating der betroffenen Unternehmen, mitunter kommt es zu einer Einstufung unterhalb des sog. Investment Grade, die Unternehmen gelten dann als „Ramschschuldner". Klassisches Fremdkapital wird teurer oder erst gar nicht mehr zur Verfügung gestellt. Nach Angaben der Rating-Agentur Fitch hat sich die Verschuldung europäischer Unternehmen, die von Beteiligungsgesellschaften erworben wurden, stark erhöht, die Folge sind immer schlechtere Ratings.[133]

Befürworter der Branche argumentieren, dass das geschilderte „Auszehren" nicht üblich sei. Es sind einige „‚schwarze Schafe'"[134] der Branche, die durch rüdes Verhalten auffallen. Ihnen ist es auch zuzuschreiben, dass Finanzinvestoren pauschal „Heuschrecken" genannt werden.[135]

---

133 Vgl. Kamp; Krieger, S. 55, URL siehe Literaturverzeichnis

134 Brockmann; Hommel: A. a. O., S. 21

135 Vgl. ebenda

In jedem Fall negativ zu beurteilen ist die Verkürzung der Haltedauer von Private-Equity-Investments. Unternehmen werden in immer kürzeren Abständen gekauft und verkauft.[136] Wie kommt es zu dieser Entwicklung? Auch unter Finanzinvestoren herrscht Konkurrenz. Je größer die Wertsteigerung eines Fonds, desto mehr Mittel fließen ihm zu. Wer über längere Zeit eine zu geringe Rendite erwirtschaftet, verschwindet vom Markt. Der Trend geht deshalb hin zu immer kürzeren Beteiligungen. Das eingesetzte Geld muss sich in immer kürzerer Zeit immer stärker vermehren. Für eine langfristige Strategieentwicklung beim gekauften Unternehmen bleibt deshalb kaum Zeit. Produktentwicklungen und Investitionen in Forschung und Entwicklung werden vernachlässigt, denn bis diese sich auszahlen würden, hat der Investor das Unternehmen längst weitergereicht. Diese Verkürzung der Haltedauer schadet dem Unternehmen, das ohne langfristige Strategie auf Dauer nicht wettbewerbsfähig ist.

7.4 Risiken

Gerade bei Leveraged Buyouts besteht die Gefahr einer möglichen Zinssteigerung. Steigt in einem konkreten Fall der Fremdkapitalzins über die Eigenkapitalrentabilität, so tritt ein umgekehrter Leverage-Effekt ein. Die mit dem Fremdkapital erwirtschaftete Rendite reicht nicht zur Deckung der Fremdkapitalzinsen. Es kommt also zu einer Überschuldung und mitunter zur Insolvenz des Portfoliounternehmens. Die negativen Folgen für alle Beteiligten liegen auf der Hand: Der Finanzinvestor verliert sein, wenn auch nur in geringem Maß eingebrachtes Kapital, das Portfoliounternehmen geht in die Insolvenz, die Beschäfti-

[136] Vgl. Döhle; Papendick: A. a. O., S. 38

gen verlieren ihre Arbeitsplätze und die Volkswirtschaft trägt die Kosten.

7.5 Chancen

Finanzinvestoren könnten das deutsche Corporate-Governance-System entscheidend verbessern. Durch ihre Beteiligungen wären sie in der Lage, Aufsichts- und Kontrollfunktionen zu übernehmen, die die deutsche Unternehmenslandschaft zu Zeiten der Deutschland AG hat vermissen lassen. Großbritannien hat eine solche Veränderung bereits erlebt, Vertreter der Private-Equity-Branche argumentieren, dass dadurch mehr Effizienz in die Unternehmenslandschaft gekommen ist.[137]

7.6 Das Problem mangelnder Vergleichbarkeit

Grundsätzlich besteht das Problem mangelnder Vergleichbarkeit. Niemand kann sagen, was mit einem Portfoliounternehmen passiert wäre, hätten sich keine Finanzinvestoren beteiligt.

Der Fall Deutsche Börse hat gezeigt, dass Finanzinvestoren tief in die Unternehmensstrategie eingreifen können. Dabei ist nicht bewiesen – und nachträglich auch nicht mehr beweisbar – ob sie tatsächlich die erfolgreichere Strategie gewählt haben.

---

[137] Vgl. Kamp; Krieger, S. 58, URL siehe Literaturverzeichnis

7.7 Fazit

Es ist wichtig festzuhalten, dass die Aktivitäten von Finanzinvestoren in Deutschland nicht pauschal bewertet werden dürfen. Es bestehen große Unterschiede in der Art und Weise, auf die Transaktionen abgewickelt werden, sowohl zwischen Hedgefonds und Private-Equity-Fonds als auch innerhalb der einzelnen Gruppen. Die obigen Ausführungen haben gezeigt, dass Private-Equity-Investments sowohl nutzen als auch schaden können, sie bergen Risiken, aber eröffnen auch Chancen.

In vielen Fällen verbessern Finanzinvestoren die Wettbewerbsfähigkeit der Unternehmen und rufen damit positive Effekte für Unternehmen und Volkswirtschaft hervor. Auf dem Weg dahin entstehen der Volkswirtschaft aber häufig Kosten durch den Abbau von Arbeitsplätzen. Die Gewinne, die sich mit der gestiegenen Wettbewerbsfähigkeit erzielen lassen, bleiben im besten Fall im Unternehmen, im schlechtesten Fall fließen sie ab an den - meist ausländischen - Investor.

Vor allem der Trend zu immer höheren Renditen in immer kürzerer Zeit führt mehr und mehr zu sozial unausgewogenen Lösungen. Viele Arbeitnehmer sehen daher in Finanzinvestoren eine Bedrohung ihrer Arbeitsplätze.

Das geschilderte „Auszehren" im Rahmen von Leveraged Buyouts kann immer wieder beobachtet werden. Da es „schwarze Schafe" immer gibt, wird sich dieses „Problem" von selbst nicht lösen. Es bleibt deshalb aus Sicht der Betroffenen zu hoffen, dass gesetzliche Regelungen dieses Vorgehen, das zweifelsohne dem Portfoliounternehmen und der Volkswirtschaft schadet, in der Zukunft verbieten.

Offen ist, auf welche Seite sich die Manager deutscher Unternehmen stellen werden. Einerseits sind Allianzen zwischen Unternehmensführung und Belegschaft denkbar, wenn es darum geht, einen „Heuschreckenangriff" abzuwehren. Andererseits können Finanzinvestoren ganz erhebliche finanzielle Anreize bieten und die Manager so hinter sich stellen.

8 Ausblick

Ein Blick in die Zukunft zeigt, dass es zunehmend Bestrebungen gibt, die dem Schutz vor Finanzinvestoren dienen.

So prüft die Große Koalition derzeit Maßnahmen zur Verhinderung der „...Einflussnahme ausländischer Investoren über eine Beteiligung an wichtigen deutschen Unternehmen..."[138] Die SPD hatte derartige Überlegungen ja bereits anklingen lassen. Insbesondere „das oft nicht transparente Gebaren von Hedge-Fonds hatte Sorgen vor einer unerwünschten Einflussnahme auf deutsche Unternehmen genährt."[139] In der CDU diskutieren derzeit die Herren Röttgen, Koch und Pofalla über eine generelle Meldepflicht für ausländische Investoren. Als Schwellenwert kursieren 25%ige Beteiligungen. Parallel dazu treibt Bundesfinanzminister Peer Steinbrück (SPD) das Thema auf internationaler Ebene voran. Er wird mit den Worten zitiert: „‚Im IWF (Internationaler Währungsfonds; Anmerkung des Autors) sollte darüber debattiert werden, ob man mit den Ländern, die solche Fonds auflegen, nicht auch zu einer Art Verhaltenskodex kommen kann. '"[140]

Parallel hierzu arbeitet Peer Steinbrück an einem Risikobegrenzungsgesetz. Konkret soll es in dem geplanten Gesetz um Maßnahmen gegen das abgestimmte Vorgehen (Acting in Concert) von Aktionären gehen. Am 10. Oktober 2007 hat sich das International Corporate Governance Network (ICGN), ein Netz-

---

138 Heilmann: Investoren wettern gegen Steinbrück, in: DIE WELT, 15. Oktober 2007, S. 30

139 ebenda

140 ebenda

werk, das institutionelle Anleger aus 40 Ländern mit einem Gesamtvermögen von rund elf Billionen Dollar vertritt, an Peer Steinbrück und gegen den Gesetzentwurf gewandt. Die Befürchtung: „‚Die ICGN ist besorgt, da die vorgeschlagenen Gesetzesänderungen keine Unterscheidung vorsehen zwischen Aktionären, die übliche Corporate-Governance-Themen im Vorfeld der Stimmabgabe bei der Hauptversammlung diskutieren und Aktionären, die mittels abgestimmten Verhaltens eine Veränderung der Unternehmenskontrolle anstreben'"[141].

Ebenfalls unter dem Zeichen eines möglichst großen Schutzes vor Finanzinvestoren steht der Börsengang der Deutschen Bahn AG. Alleiniger Aktionär ist gegenwärtig die Bundesrepublik Deutschland. Einerseits existieren Überlegungen eine „Volksaktie" zu schaffen, ähnlich wie seinerzeit beim Börsengang der Deutschen Telekom. Demnach sollen beim Börsengang verstärkt Kleinanleger zum Zug kommen, sodass ein möglichst hoher Streubesitz erreicht wird. Dieses Modell macht es zwar Finanzinvestoren schwer, größere Anteile zu erwerben, die Möglichkeit besteht aber dennoch. Daher kursieren weitergehende Überlegungen, die dahin gehen, stimmrechtslose Vorzugsaktien auszugeben, damit hätte der Bund auch nach einem Börsengang das alleinige Sagen.[142]

Man darf angesichts dieser zahlreichen Entwicklungen gespannt sein, wie sich das Thema Private Equity weiterentwickelt. In jedem Fall ist weiterhin mit viel Bewegung zu rechnen.

---

141 Heilmann: Investoren wettern gegen Steinbrück, in: DIE WELT, 15. Oktober 2007, S. 30

142 Vgl. Hops; Brönstrup, URL siehe Literaturverzeichnis

III Quellenverzeichnis

Literatur

ECKSTALLER, Claudia; HUBER-JAHN, Ingrid: Private Equity und Venture Capital. Begriff - Grundlagen - Perspektiven; Sternenfels: Wissenschaft & Praxis, 2006

HÄGER, Michael; ELKEMANN-REUSCH, Manfred: Mezzanine Finanzierungsinstrumente. Stille Gesellschaft. Nachrangdarlehen. Genussrechte. Wandelanleihen; 2. Auflage; Berlin: Erich Schmidt, 2007

SCHMALEN, Helmut: Grundlagen und Probleme der Betriebswirtschaft; 12. Auflage; Stuttgart: Schäffer-Poeschel, 2002

SCHMALEN, Helmut; PECHTL Hans: Grundlagen und Probleme der Betriebswirtschaft; 13. Auflage; Stuttgart: Schäffer-Poeschel, 2006

SEIFERT, Werner G.; VOTH, Hans-Joachim: Invasion der Heuschrecken. Intrigen - Machtkämpfe - Marktmanipulation. Wie Hedge Fonds die Deutschland AG attackieren; Berlin: Econ, 2006

STADLER, Wilfried (Hrsg.): Die neue Unternehmensfinanzierung. Strategisch finanzieren mit bank- und kapitalmarktorientierten Instrumenten; Frankfurt: Redline Wirtschaft, 2004

Internet

Beck, Kurt, u. a.: Neue Werte schaffen! Impulspapier zur Konferenz „Perspektiven sozialdemokratischer Wirtschaftspolitik" am 27. November 2006 in Berlin

http://www.nachdenkseiten.de/upload/pdf/061120-SPD_Neue_Werte.pdf

Zugriff am 01.11.2007

Bloome-Drees, Johannes; Rang, Reiner: Private Equity-Investitionen in deutsche Unternehmen und ihre Wirkungen auf die Mitarbeiter

http://www.boeckler.de/pdf/mbf_finanzinvestoren_grohe.pdf

Zugriff am 01.11.2007

Börse Düsseldorf AG: Heuschrecken ist das Börsen-Unwort des Jahres 2005

http://www.boerse-duesseldorf.de/content/Presse/Pressemitteilungen/?menuid=82&pressid=19600051

Zugriff am 01.11.2007

Bundesverband Deutscher Kapitalbeteiligungsgesellschaften - German Private Equity and Venture Capital Association e. V.: Glossar

http://www.bvk-ev.de/privateequity.php/cat/31/title/Glossar

Zugriff am 01.11.2007

DaimlerChrysler AG: Konzernanhang - Grundlagen und Methoden

http://www.daimlerchrysler2004.com/contents/pdf/grundlagen_methoden.de.pdf

Zugriff am 01.11.2007

Denker, Philipp: Böse Heuschrecken - Gute Heuschrecken

http://www.politik.de/information/thema-der-woche,artikel=239.html

Zugriff am 01.11.2007

Döbler, M.; Frese, A.; Kaiser, S.: Geregelter Verkehr

http://www.tagesspiegel.de/wirtschaft/;art271,2136267

Zugriff am 01.11.2007

Gesellschaft für deutsche Sprache e. V.: Wörter des Jahres

http://www.gfds.de/index.php?id=11

Zugriff am 01.11.2007

Henkel KGaA: Geschäftsbericht 2001. Jahresabschluss der Henkel KGaA

http://www.henkel.com/de/content_data/Jahresabschluss_Henkel_KGaA_2001.pdf

Zugriff am 01.11.2007

Hops, Bernd; Brönstrup, Carsten: SPD setzt auf Staatskontrolle

http://www.tagesspiegel.de/wirtschaft/bahn/Deutsche-Bahn-GDL;art15463,2403333

Zugriff am 01.11.2007

Kamp, Lothar; Krieger, Alexandra: Die Aktivitäten von Finanzinvestoren in Deutschland

http://www.boeckler.de/pdf/p_arbp_103.pdf

Zugriff am 01.11.2007

Kußmaul, Heinz, u. a.: Leveraged Buyout am Beispiel der Friedrich Grohe AG

http://www.der-betrieb.de/psdb/fn/db/sfn/bp/SH/0/cn/doc/bstruc/113/bt/0/ID/052533A/index.html

Zugriff am 01.11.2007

Max-Planck-Institut: Deutschland AG weiter in Auflösung

http://www.mpi-fg-koeln.mpg.de/aktuelles/themen/d-ag.asp

Zugriff am 01.11.2007

Müller, Albrecht; Lieb, Wolfgang: Regierung Schröder hat die „Heuschrecken" eingeladen und steuerfrei gestellt

http://www.nachdenkseiten.de/cms/front_content.php?client=1&lang=1&idcat=38&idart=599

Zugriff am 01.11.2007

O. V. (FAZ.NET): Cognis-Anleihen sind hoch riskant

http://www.faz.net/s/Rub09A305833E12405A808EF01024D15375/Doc~E3F03A4AF9AE9433A9FE3496CE205FC12~ATpl~Ecommon~Scontent.html

Zugriff am 01.11.2007

O. V. (Focus Online): Müntefering zieht vom Leder

http://www.focus.de/finanzen/news/kapitalismus-kritik_aid_93653.html

Zugriff am 01.11.2007

O. V. (Handelsblatt.com): SPD rück von „Heuschrecken"-Kritik ab

http://www.handelsblatt.com/news/Politik/Deutschland/_pv/_p/200050/_t/ft/_b/1166910/default.aspx/spd-rueckt-von-heuschrecken-kritik-ab.html

Zugriff am 01.11.2007

O. V. (Netzzeitung.de): US-Finanzminister übt Kritik an „Heuschrecken"-Debatte

http://www.netzeitung.de/spezial/geldanlage/344160.html

Zugriff am 01.11.2007

O. V. (Spiegel Online): Finanzinvestoren. Wie man Cash aus Unternehmen presst

http://www.spiegel.de/fotostrecke/0,5538,PB64-SUQ9MjIzNDAmbnI9Mw_3_3,00.html

Zugriff am 01.11.2007

O. V. (stern.de): Die Namen der „Heuschrecken"

http://www.stern.de/politik/deutschland/539759.html

Zugriff am 01.11.2007

O. V. (stern.de): Kapitalismusdebatte. Schlacht der Worte

http://www.stern.de/politik/deutschland/539941.html?nv=tib_art&backlink=%2Ftib%2F%3Fday%3D%26amp%3Bcp%3D1

Zugriff am 01.11.2007

O. V. (tagesschau.de): Steinbrück begrüßt Blackstone-Einstieg bei Telekom

http://www.tagesschau.de/wirtschaft/meldung120976.html

Zugriff am 01.11.2007

O. V. (Welt Online): Cognis will mit einer Anleihe den Zeitdruck vom geplanten Börsengang nehmen

http://www.welt.de/print-welt/article362536/Cognis_will_mit_einer_Anleihe_den_Zeitdruck_vom_geplanten_Boersengang_nehmen.html

Zugriff am 01.11.2007

Pitzke, Marc: Hedge-Fonds. Geld wie Konfetti

http://www.spiegel.de/wirtschaft/0,1518,359211,00.html

Zugriff am 01.11.2007

Sachverständigenrat zur Begutachtung der gesamtwirtschaftlichen Entwicklung: Die Chance nutzen - Reformen mutig voranbringen

http://www.sachverstaendigenrat-wirtschaft.de/download/gutachten/ga05_ges.pdf

Zugriff am 01.11.2007

Schröder, Ulrich: Aktuelle Themen. 12. September 2001

http://www.dbresearch.com/PROD/DBR_INTERNET_EN-PROD/PROD0000000000036167.pdf

Zugriff am 01.11.2007

Simon, Ulrike: Springer ist zum Verzicht auf Pro 7 bereit

http://www.tagesspiegel.de/wirtschaft/;art271,2030703

Zugriff am 01.11.2007

SPD: Tradition und Fortschritt. Start der Programmdebatte (Januar 2005)

http://www.partei.spd.de/servlet/PB/show/1043150/221204_programmheft_1.pdf

Zugriff am 01.11.2007

SPD: Wohlstand heute und morgen. Die Programmdebatte der SPD (April 2005)

http://programmdebatte.spd.de/servlet/PB/show/1668867/180405_Programmheft_2.pdf

Zugriff am 01.11.2007

Verband der Vereine Creditreform e. V.: Wirtschaftslage und Finanzierung im Mittelstand. Herbst 2007. Eine Untersuchung der Creditreform Wirtschaftsforschung

http://www.creditreform.de/Deutsch/Creditreform/Presse/Creditreform_Wirtschaftsforschung/Wirtschaftslage_und_Finanzierung_im_Mittelstand/2007-10/2007-10-11_Wirtschaftslage_Mittelstand_DE.pdf

Zugriff am 01.11.2007

Wolffsohn, Michael: Zum 8. Mai

http://www.wolffsohn.com/index.php?page=zum-8-mail

Zugriff am 01.11.2007

Zeitungen und Zeitschriften

DIE WELT, 29. September 2007

DIE WELT, 15. Oktober 2007

manager magazin 03/06

manager magazin 12/06

Bankpraxis + Geschäftspolitik 12/2005

***ibidem*-Verlag**
Melchiorstr. 15
D-70439 Stuttgart
info@ibidem-verlag.de
www.ibidem-verlag.de
www.edition-noema.de
www.autorenbetreuung.de

FSC
www.fsc.org
MIX
Papier | Fördert gute Waldnutzung
FSC® C083411

Zeitfracht Medien GmbH
Ferdinand-Jühlke-Straße 7
99095 Erfurt, Deutschland
produktsicherheit@kolibri360.de